La gosseta Blackie sabia que els millors monstres s'amaguen on no els pot trobar ningú: a les profunditats d'un gran llac, entre les immenses serralades dels Andes o, en el seu cas, en el raconet que hi ha entre el sofà i la paret.

BLACKIE BOOKS

GRIMWOOD

L'ATAC DEL MONSTRE FÈTID!

Nadia Shireen aviat va saber que el seu futur estaria inevitablement lligat a la literatura infantil. Ja de petita s'ho passava bé fent còmics casolans que després mostrava amb orgull, i on començaven a aparèixer un sentit de l'humor brillant i uns arguments magnètics. El 2007 va formalitzar les seves aptituds en un màster de la Universitat de Cambridge, on, tot i que va haver d'estudiar de valent, no va parar de fer gargots als apunts, perquè per a ella és inevitable plasmar totes les històries que li brollen de la ment. Els seus personatges, inoblidables, ens parlen del valor de l'amistat i de la necessitat de tenir cura de la natura, i ens regalen històries com aquesta dels germans Ted i Nancy, que ha fascinat a grans i petits. Una història que no ha passat desapercebuda en els grans certàmens literaris (Premi Bologna Ragazzi, Opera Prima, Roald Dahl Funny Prize, Waterstones Children's Book Prize), i que ha revolucionat milers de llars, fins arribar a la teva. Benvingut a Grimwood. Aquí et sentiràs com a casa.

Per a AMS

Títol original: *Grimwood. Book 3: Attack of the Stink Monster!*

MIXT
Paper | Donant suport a la silvicultura responsable
FSC® C109440

Disseny de coberta: Sergi Puyol

Publicat amb l'acord de Simon & Schuster UK Ltd
1st Floor, 222 Gray's Inn Road, Londres, WC1X 8HB
A Paramount Company

Carrer Església, 4-10
08024 Barcelona
www.blackiebooks.org
info@blackiebooks.org

Maquetació: David Anglès
Rotulació manual: Sergi Puyol
Impressió: Liberdúplex
Imprès a Espanya

Primera edició: novembre de 2024
ISBN: 978-84-10025-96-7
Dipòsit legal: B 11477-2024

CAP ANIMAL REAL HA SOFERT CAP MAL EN LA CREACIÓ D'AQUEST LLIBRE

GRIMWOOD

L'ATAC DEL MONSTRE FÈTID!

NADIA SHIREEN

Traducció d'Helena Lamuela

• BLACKIE BOOKS •

Hola, bonjour, òla, bon dia, salam i nàmaste!

Soc **L'ÈRIC DINAMITA.**
«I qui és aquest xicotet tan ben plantat?»,
sento que us demaneu tots a crits.

Me'n faig creus
que encara publiquin
aquests llibres.

Doncs bé, jo, l'Èric, soc una cotxinilla, conductor d'autobús de professió, entusiasta del bàdminton i, sobretot, soc el vostre amiguet i guia fidel. **Com esteu?** Jo acabo d'arribar d'unes vacances fantàstiques amb tot inclòs a... ehem, doncs, ben bé no ho sé. Em vaig quedar tancat dins una maleta plena de xancletes. **En tinc un record una mica fosc, la veritat.**

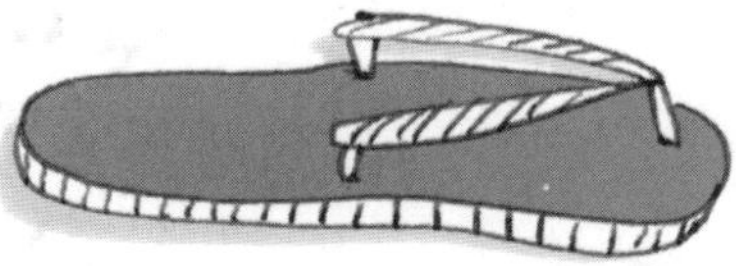

Res, deixem-ho córrer... i tothom a xalar!

Perquè TORNEM A SER, tatxan, tatxan... a Grimwood!

I vet aquí un llibre per llegir, una història que cal explicar i una colla de canalleta que quedarà ESPATERRADA. Què, ja friseu, oi? (Digueu que sí i prou.)

PROTAGONISTES:

És una guineueta bufona de la Gran Ciutat que troba que a Grimwood tot és fantàstic. Li agrada el teatre, ensumar flors i que tot vagi la mar de bé.

És la germana gran del Ted, una guineu que coneix tots els secrets de la vida urbana i troba que Grimwood és un lloc de tocats del bolet. Li agrada el cafè, grunyir i tenir cura del Ted.

La conilleta Salze, saltaire i ferotge, té molt bon cor i una energia infinita, però, si li dius que és bufoneta, et clavarà un mastegot, t'ha quedat clar?

És l'alcalde de Grimwood. El Titus és un cérvol vell i amable, amb molt bones mans per a la rebosteria i que plora mirant pel·lis carrinclones de dofins. Vol que tothom es tracti amb dolçor.

És una ànega d'un glamur extrem, que havia fet d'actriu de cinema. És propietària d'una cadena d'hotels de luxe, però ara mateix viu en una pila de carretons de supermercat.

És una òliba malhumorada amb unes celles enormes a qui, secretament, tothom li cau bé. Als vespres, li agrada llegir novel·les difícils i escoltar jazz.

És un corb a qui agrada la FESTA. La Sharon és una gran amant de la música, els barrets ximples i bramar PUEEET a tot arreu on va.

És un teixó de cor generós que sempre es preocupa pels amics. Condueix fatal, però la majoria de teixons, també.

Grimwood
A Brillastany
Atenció: mapa absolutament inútil
VILA DELS CONILLETS
DEL TITUS

LA TORRE MÀGICA
L'estany petit
Estany pudent, ningú sap per què
Cau abandonat de la vella guineu
Hotel minúscul, només per a formigues

Fig I: Sharon, Corvus Convivialis

CAPÍTOL 1
Somnis

A Grimwood era mitjanit. A la claror de la lluna, les fulles dels arbres agafaven una brillantor argentada. Tot era silenci. Tot era calma.

—**PUEEET, PUEEET, PUEEEEEEET!** —va deixar anar la Sharon, el Corb Festaire.

Feia tentines pel bosc, deixant un rastre de purpurina darrere seu.

—D'on vens, Shaz? —va preguntar un cuc preguntaire.

—D'esvalotar el galliner amb unes amigues —va contestar la Sharon, arrencant-se les pestanyes postisses—. Ens ho hem passat d'ESCÀNDOL! He post un ou descomunal.

—Quina paia —va dir el cuc.

A Grimwood, l'arribada esvalotada de la Sharon va provocar un bon rebombori. Els animals, que dormien profundament, es van començar a despertar.

—Uuu, uuu, uuu! —va fer una òliba.

—Piu, piu —va fer un pardalet.

—Bub, bub —va fer una granota estranyota.

—Nyam, nyam, un plàtan! —va fer una formiga que acabava de trobar un plàtan.

—A callar tothom —va fer una altra òliba molt més empipada que la primera—. Aquí hi ha gent que vol dormir!

L'òliba empipada es deia Frank i, fins aleshores, havia gaudit d'un somni fantàstic en què trobava un disc excepcional del mític músic de jazz Gonzo McDougall.

—Te'l regalo! —li havia dit el botiguer—. I, vinga, també et regalo tota aquesta pila de discos caríssims, Frank. Quina sort avui, eh? Uuu, uuu!

—Caram! —havia dit el Frank—. És el dia més feliç de ma vida!

Però llavors els *uuu-uuus* de l'òliba de debò l'havien despertat i, quan s'havia adonat que tot havia sigut un somni, havia agafat una enrabiada de categoria extra suprema.

El cérvol Titus somiava que, finalment, guanyava la Confiduríssima de Grimwood, un concurs anual de producció de confitura despietadament competitiu. S'hi apuntava cada any, però sempre li passava al davant la Cerise Tevençut, una llúdriga veïna seva. Dins el somni, el Titus encaixava la peülla amb el gran jutge del concurs —l'alcalde de Grimwood— i somreia, mentre li penjaven una condecoració daurada al jersei. El fet que, en realitat, l'alcalde de Grimwood fos el Titus mateix sembla que al món dels somnis no era gaire important.

—Quin honor! —va dir el Titus.

—La confitura que has fet era exquisida —va dir l'altre Titus.

Llavors, el Titus va obrir la boca per llepar una mica de confitura directament del pot, però la llengua se li va començar a allargar i a allargar, i tot d'una l'altre Titus es va transformar en el seu antic professor de geografia, i no us fa rabiota que els somnis s'emboliquin sempre d'aquesta manera?

La Salze, una conilleta rebufona, dormia al costat dels seus 153 germans a la llodriguera que tenien a la Vila dels Conillets, una zona de Grimwood que ~~les vaques~~ els conillets havien ocupat completament.

—Zzzzzzap! Entomeu aquesta, pelacanyes! ZZZZAAAAP!

Dins el somni, la Salze era un CONILLET ROBOT GEGANT DESCOMUNAL que disparava rajos làser pels ulls i estava trinxant la Gran Ciutat, fent explotar cotxes, contenidors, extraterrestres i coses d'aquestes.

El teixó Wiggy roncava gairebé tan fort com els seus germans Monty, Jeremy, Jeremy i Jeremy. Somiava que s'afartava com un lladre en un bufet lliure d'esmorzars.

—Mmm —feia bavejant—. Ous, salsitxes, fesols, cansalada, torrades, xampinyons, tomàquets al forn, patates fregides, croquetes, anelles de ceba i una hamburguesa de propina, va. Oh, però si també hi ha batut de maduixa. Iupi!

El Wiggy va agafar un pot de quètxup que hi havia per allà, el va prémer i amb un *prtxxxt!* ben fort va empastifar-se tot el menjar, el cap i, en acabat, tot el dormitori, fins que va quedar submergit en un mar entomacat i enganxifós.

Una mica més enllà, enmig de les aigües tèrboles del Petit Estany, l'ànega Íngrid flotava serenament damunt l'illa feta de carretons de supermercat on vivia. Ella i el seu marit, el Comte de Prunyonosa Tutusaus i d'Oripell, portaven antifaços de seda i sabatilles de pelfa que feien joc.

L'Íngrid somiava un dels seus somnis preferits. Era en un acte de lliurament de premis molt refistolat, situada en un racó que quedava per sobre de l'escenari. No la veia ningú. Per sota seu, entrava a l'escenari la seva gran rival, la Mimí Tortellet, una

jove ànega d'ulls grossos i plomes d'un daurat lluent, que feia molta ràbia. La Mimí havia robat tots els papers d'intèrpret a l'Íngrid i ara rebia un premi a la Millor Actriu; allò era un escàndol intolerable.

—Vull agrair aquest premi a l'Acadèmia —va dir la Mimí entre sanglots—, i a totes les ànegues velles, suades i amargades com l'Íngrid. Sense elles, que balancejant-se van obrir camí, jo avui no seria aquí. Visca jo!

Feta una fúria, l'Íngrid va deixar anar, ràpida i precisa, una gran tifarada damunt del cap de la Mimí. L'anegueta va cridar. Al públic se li va tallar l'alè. L'Íngrid, tot dormint, es va petar de riure i es va tombar cap a l'altre cantó.

L'àguila Pamela no dormia perquè ella no hi creia, en això de dormir.

—DORMIR ÉS DE NYICRIS! —la sentíeu cloquejar—. MENTRE VOSALTRES DORMIU, COLLA DE FLEUMES ESCARRANSITS, JO VIGILO SI HI HA ACTIVITATS SOSPITOSES AMB LES MEVES CÀMERES DE SEGURETAT.

La Pamela vivia en un niu que era un garbuix d'ordinadors, telèfons i cables vells al capdamunt d'una torre d'alta tensió enorme que tothom anomenava la Torre Màgica. Aquella torre emetia un brunzit estrany. I la Pamela, també.

—**PUEEET!** —es va sentir que feia algú, misteriosament.

Bé, misteriosament, no gaire, perquè tots sabem que, aquí, l'única que va pel món fent **PUEEETS** és la Sharon Festaire.

La Sharon vivia amb la Pamela. Eren molt bones amigues i fins i tot presentaven juntes un programa

de ràdio; un de molt i molt famós, no us penséssiu pas.

Guaiteu, només us aviso: la Pamela de vegades arrenca el cap a la gent d'una picotada. És terrible, sí, ja ho sé.
Però és que la natura és cruel.
Tot just l'altre dia, una papallona es va riure del meu barret.

A Grimwood, el cau de guineus havia estat deshabitat durant força temps, però ara hi vivien el Ted i la Nancy, un parell de guineuetes descamisades, vingudes de la Gran Ciutat.

El Ted feia nones abraçat a la sabatilla toveta que li feia de nino, la Babutxa. Somiava que tocava la guitarra davant de milers de fans. Era una passada.

—Bona nit a tothom! —va cridar—. La pròxima cançó va dedicada a tots els conillets del món...

I va obrir la boca per cantar. Però, ai, no es recordava de la lletra. Així, doncs, va entonar el

primer que li va passar pel cap, i a tothom li va ser ben igual.

El públic, en un atac d'entusiasme, es va posar a animar-lo:

—Ted! Ted! Ted! Ted!

Però, llavors, la cosa va canviar i va ser com si el públic es posés a bufetejar-lo, tot cridant:

—Tu, Ted! Desperta't!

I ell va obrir els ulls i va veure que qui el bufetejava era la seva germana gran, la Nancy.

—Aix, no! —va exclamar mig adormit—. Només era un somni! Uaaaa! —Es va fregar els ulls i va badallar.

Quan va haver obert els ulls del tot, es va adonar que encara era de nit, i que la Nancy es passejava amunt i avall del cau, fent cara d'amoïnada.

—Què passa, germaneta? —li va preguntar—. Per què m'has despertat?

Ella va abaixar la mirada, avergonyida.

—Que has tingut un altre somni estrany d'aquells? —li va preguntar el Ted, amb tacte.

La Nancy va assentir amb el cap.

—Sí. Necessito que l'escriguis abans que em fugi del cap. Que tu, amb això de les lletres, t'espaviles millor que jo.

El Ted va agafa el llapis i la llibreta que tenia sota el coixí. La Nancy feia dies que tenia molts somnis estranys. El Frank li havia aconsellat que els escrivís, per esbrinar si provaven de dir-li res.

—Som-hi —va dir el Ted—, què recordes?

La Nancy es va arraulir al llit.

—Sorolls estranys —va contestar—. Una mena de xipolleig, un xiu-xiu mig esborrat. I després, un grallar d'ocells.

El Ted en va prendre nota.

—Algú tocava o xiulava una cançó —va continuar explicant la Nancy.

—Ooh! I com fa aquesta cançó? —va preguntar el Ted, a qui sentir parlar de música havia fet redreçar les orelles.

La Nancy va arrufar el front.

—No me'n recordo. Ostres, quina ràbia, no paro de menjar-me la bola amb això!

La guineu es va posar a grunyir i a aporrinar-se el cap.

—Nancieta, atura't —va dir el Ted—. Que això que fas em destarota.

La Nancy va fer mala cara. Ella i el Ted s'havien criat a la Gran Ciutat sense pare ni mare. No tenien ni idea del que els havia passat. Era un misteri absolut. La Nancy era una paia súper dura de pelar i tenia cura del seu germà petit. Però aquell dia no se'n sentia gens ni mica, de súper dura de pelar.

—Au, va —va dir el Ted, dolçament—. Gairebé s'ha fet de dia. Anem a veure el Titus. A tu et cal un cafè. I a mi em ve de gust un dònut.

La dada díver! Una vegada vaig viure cinc setmanes dins un dònut. Va ser una de les èpoques més felices de la meva vida, us ho ben juro.

CAPÍTOL 2
Cuinetes

El Ted i la Nancy van arribar a la caravana del Titus a punta de dia. Al davant de casa, l'alcalde hi tenia una taula de fusta molt grossa, amb pots de confitura plens de flors. Al voltant hi havia tot de cadires i troncs que convidaven a seure-hi, perquè al Titus li ENCANTAVA tenir visita.

El Ted va trucar a la porta.

—Titus! —va cridar—. Que t'has llevat?

Silenci.

—Ja el desperto jo —va anunciar la Salze, la millor amiga del Ted.

—D'on has sortit, tu? —va remugar la Nancy.

—Ui, si en fa d'ESTONA que estic llevada! —va contestar la Salze amb un somriure d'orella a orella—. Ja m'he llegit cinc llibres, he anat a nedar, he muntat un armari i he après a anar amb monopatí. He vingut a ajudar el Titus a fer un pastís.

La Nancy va remenar el cap.

—Ets la pera, conilleta.

—Soc PERFECTA, de fet —va proclamar ella i, amb la seva poteta petita però decidida, va clavar una patacada a la porta de la caravana del Titus que la va obrir de bat a bat.

Sota d'un cobrellit de floretes hi roncava un bony pelut amb unes banyes colossals. El bony era el Titus, EVIDENTMENT. Parlava en somnis.

—RRRRRNCCC... fiuuuuuu... RRRRRNCCC... fiuuuuuu... Li'n poso una altra tassa, oi, senyor rector?... RRRRRNCCC... fiuuuuuu... Exquisit aquest te Darjeeling, exquisit. Que si la tetera és antiga?, oi tant, sí que ho és, sí...

La Salze va fer cara de què hi farem.

—Ja torna a somiar que guanya aquell concurs de confitures —va dir—. És un dels somnis que el té més flipat.

La Salze va anar cap a la nevera del Titus, en va treure dues llenques de formatge i es va enfilar d'un bot al llit de l'alcalde.

—BON DIA, BON DIA, BON DIA! —va bramar saltant damunt del pobre cérvol i bufetjant-lo ben fort amb el formatge—. AMUNT I CRITS!

—Nyeeeeeeeeeee! —va cridar el Titus, i tot d'una es va asseure d'un bot. Va parpellejar, va remenar el morro unes quantes vegades i llavors va ser quan va veure la Salze i les llenques de formatge.

—Ui, mira que bé, em porten l'esmorzar al llit! —va dir—. Gràcies, jove Salze! Ets un sol!

I el Titus va plegar delicadament les llenques de formatge i se les va entaforar dins la bocassa.

Al cap de poc, tothom estava assegut a taula. La Nancy es va servir una tassa de cafè ben carregat, mentre el Ted i la Salze es prenien un got de suc vigorós de Banya-boja.

Hola! Per si no ho recordeu, el suc vigorós de Banya-boja és un batut deliciós que fa el Titus. Ves a saber què hi fica.

Diria que val més no preguntar-ho.

El Titus, que s'havia posat una gorra de xef i un davantal, va deixar, tot atabalat, uns quants bols i culleres damunt la taula.

—No em puc creure que m'hagi adormit! —va

dir—. I justament avui, que he de cuinar el millor pastís de noces de la història!

Feia setmanes que Grimwood bullia amb els preparatius del casament d'una parella d'esquirols, el Romeu i la Julieta. El Romeu era de Grimwood i la Julieta, de Brillastanya, un bosc molt bonic a tocar del de Grimwood. Durant molts anys els dos boscos havien quedat separats pel Pantà de la Desesperació. Però els brillastanyencs i els grimwoodians un bon dia, per lluitar contra un guillot borratxo de poder, el Sebastian Silver, que ho volia transformar tot en un pàrquing o no sé què, van acabar fent pinya.

De totes aquestes aventures us en podeu assabentar si llegiu un llibre que no és aquest que teniu a les mans. No me'n recordo del títol. Us asseguro que no era ***La història de l'Èric Dinamita***, tot i que estareu d'acord amb mi que és el que tots voldríem llegir ara mateix.

En tot cas, l'ànega Íngrid no parava de clacar a tort i a dret que dos esquirols que es diguessin Romeu i Julieta era mala idea que es casessin.

—Sou una colla de tocacampanes integrals —va clacar—. Tots coneixeu la famosa obra de teatre de Shakespeare titulada *Romeu i Julieta*, és o no és?

El seu marit, el Comte de Prunyonosa Tutusaus i d'Oripell, es va estarrufar.

—Ai, estimada, diria que aquesta patuleia, de teatre, no en saben ni poc ni gens —va sospirar.

—Que sí, que jo he vist la pel·li —va dir la Salze, sempre servicial—. Molava. Hi havia baralles, cotxes que es perseguien i coses així.

A l'Íngrid i al Comte els va venir una esgarrifança.

—Les pel·lícules d'avui en dia ja no són el que eren —va dir l'ànega tota tibada.

I sabia del que parlava, perquè a banda d'espia súper secreta del govern i propietària d'una cadena internacional d'hotels, l'Íngrid havia sigut una actriu famosa.

Sí, sí, ja sé que tot això fa l'efecte de ser una mica massa, per a una ànega. Però quan va ser l'última vegada que us vau acostar a una ànega i hi vau parlar **–i quan dic *parlar*, vull dir parlar–** una bona estona? Tenen cops amagats, les ànegues, ja em podeu ben creure.

—En tot cas —va continuar dient l'Íngrid—, a l'obra, el Romeu i la Julieta acaben MALAMENT.

—Ep, gràcies per DESTROSSAR-NOS-EN el final —va dir la Salze, cordant-se el davantal—. De tota manera, això no vol dir que al Romeu i a la Julieta esquirols els hagi d'anar malament, oi que no?

La Nancy pagava amb la cara.

—Aquí tot el dia que passen animalades —va dir, burleta—. No veig per què se n'hauria de salvar, un casament d'esquirols.

Mentrestant, el Titus comptava ous.

—Quants ous, Titus —va dir la Nancy—. Es pot saber per què els apiles?

—Ah... bé... per passar l'estona, només —va contestar el cérvol, que anava posant un ou damunt de l'altre amb la peülla tremolosa.

—Aquí teniu la farina! —va cridar la Salze,

i va estampar un parell de bosses grosses damunt la taula que, del cop, van tombar la torre d'ous del Titus.

—Noooooo! —va cridar ell.

Arribats aquí, hem d'agrair que el teixó Wiggy estigués fent una clapadeta sota la taula de l'alcalde. La majoria d'ous li van anar a parar damunt la panxota peluda de teixonarro que tenia.

—Socors! Socors! Estic tot sucat! —va exclamar el Wiggy.

La Nancy i el Ted el van treure arrossegant de sota la taula. Se li havien trencat uns quants ous al damunt; el Ted en va recollir el suc groguenc d'entre el pelatge i el va abocar dins el bol del pastís.

—Segur que sortirà igual de bo —va dir el Titus amb un sospir, tot pescant pèls de teixó per treure'ls de la barreja.

Llavors es va sentir una botzina i va aparèixer una mena de robot estrany amb rodes i llumetes. Del robot en sortia una música molt forta que feia **XUMBA-XUMBA-XUMBA-XUMBA.**

—**PUEEET! PUEEET!** APARTEU LES CRIATURES, QUE ARRIBA LA RODI-DISCO BESTIAL —va dir el robot.

Només que allò no era un robot, sinó que era la Sharon Festaire amb ulleres fosques i un casc platejat. Anava ficada dins un carretó de supermercat decorat amb una garlanda de llumetes. Hi portava un cartell que deia:

—PUEEET! Al casament de demà, la música la posaré jo. Iuhu!

I va començar a seguir amb el cap el ritme del **XUMBA-XUMBA-XUMBA-XUMBA**.

La Salze es va posar a ballar esbojarradament, llançant enlaire grapats de farina i xisclant enmig de tot de nuvolets de pols blanca.

—Nyam, nyam —va fer el Ted, que es va esprémer un bon raig d'almívar dins la boca i després va acabar d'abocar el que quedava dins la massa del pastís.

Llavors la Salze va atacar la guineueta llançant-li un grapat de farina.

—GUERRA VERRA! —va bramar la conilleta, i ella i el Ted es van començar a llançar ingredients amb molta afició.

—Els ous, no! —va exclamar el Titus—. Llanceu-vos el que vulgueu, però els ous, no!

I el Titus va llançar, mig d'esma, una pansa bullida a la Salze.

—Veig que ens dediquem a la rebosteria —va dir l'òliba Frank, que va baixar en picat des d'algun

punt de les altures. Als llocs, sempre hi arribava així, ell.

—Sí, fem un pastís per al casament dels esquirols —va grunyir la Nancy.

—Ah, és veritat —va dir el Frank—. Tot just torno de Brillastanya. Tothom està emocionadíssim. Una miqueta massa, pel meu gust.

El Frank es va quedar mirant la Nancy, que feia més mala cara de l'habitual.

—Posa'm un cafetó, va —li va demanar, badallant i estirant les ales descomunals que tenia.

—Quin pal que per culpa d'aquest coi de casament l'equip d'arbrexocs no puguem entrenar —va remugar la Nancy, mentre li omplia la tassa de cafè ben carregat.

Tenien un partit d'arbrexocs contra Brillastanya al cap de poc, i l'equip de Grimwood havia de perfeccionar les jugades.

—És ben fotut, sí, sí. Però qui som nosaltres per posar entrebancs a l'amor veritable? —va dir el Frank—. En fi, vols fer el favor de dir-me què

BATUSSA D'ARBREXOCS!
GRIMWOOD vs BRILLASTANYA
ENTRADA LLIURE!
ELS FRUITS SECS PORTEU-LOS DE CASA

és el que et té amoïnada de debò? —va preguntar l'òliba, estudiant-se les urpes—. De seguida ho veig, jo, quan te'n passa alguna.

La Nancy va fer cara de pomes agres i es va xuclar la pota. Encara no s'hi havia acostumat del tot, a allò de «parlar dels seus sentiments», en lloc de «rosegar aletes de pollastre directament del cubell d'escombraries».

—Saps aquells malsons que et vaig comentar? —va dir.

El Frank va assentir.

—Aquesta nit n'he tingut un altre. Un de fort. El Ted n'ha apuntat els trossos que recordava quan m'he despertat. Em demano si el teu col·lega ens podria ajudar.

—Quin col·lega? —va preguntar el Frank.

—Aquell colom metge de Brillastanya —va respondre la Nancy.

—Ah, vols dir el doctor Kahn —va dir el Frank—. Oi tant. Anem-lo a veure. Sempre és a la biblioteca.

La Nancy va tenir una esgarrifança.

—Em fa molt mal rotllo, aquell lloc —va grunyir.

—Ja ho sé —va dir el Frank—. Ja sé que aquell guillot borratxo de poder et va tancar en un calabós secret al soterrani de la biblioteca. Però això no es repetirà.

I llavors, al Frank, li va anar a petar un grapat de llevat en ple bec.

—Au, som-hi —va dir la Nancy—. Ted! Ens n'anem a la biblio.

—Guai! —va saltar la Salze, que es va treure el davantal, tot llepant-se els grumolls de massa de pastís que tenia per tot arreu.

—No recordo pas haver-t'hi convidat, a tu, conilla —va fer la Nancy arrufant el nas, però la Salze va fer com si sentís ploure.

Aneu a saber com, enmig de la guerra verra de menjar que havien muntat el Ted i la Salze, el Titus havia aconseguit enfornar cinc pastissos. Ara estava arraulit a terra plorant fluixet.

—Estàs bé, Titus? —li va demanar el Ted—. Em sap greu tot aquest merder. Ho netejarem.

—Ui, no t'amoïnis, xicotet estimat —va fer el Titus, tirant els mocs amunt—. Si ploro d'alegria! Sempre ploro una miqueta, quan faig rebosteria. És que em surt tan i tan bé.

—Com una autèntica regadora, pobre —va dir la Nancy, amb resignació.

—Us faig saber que serà un pa de pessic de vainilla! —va bramar el Titus.

Tot molt normal, tot molt normal.
Au, continuem.

CAPÍTOL 3
Lectures

El Ted, la Nancy i la Salze es van endinsar a Grimwood amb pas ferm. El Frank, que planava damunt d'ells a poca alçada, anava al davant. La Salze cantava una simpàtica cançoneta.

Patim, patam, pallús!
És la cançó del poll cuscús!
Patim, patam, paté!
Per sempre més la cantar... **AI!**

La Nancy li havia tirat una castanya al cap.

—Fica't la llengua onta càpiga, tu —va dir la guineu—. Que em rebentaràs les orelles.

El Ted va mirar la Salze i li va estrènyer la pota.

—Em sap greu —li va xiuxiuejar—. És que està una mica nerviosa. Això dels somnis la té una mica dallonses.

La Salze va somicar i es va fregar el nassiró rebufó.

—Doncs, mira, espero que el metge aquest li doni una medecina per a la mala llet d'HARPIA rabiosa que gasta.

La colla va arribar a la riba del Pantà de la Desesperació. Era un fangar pudent que, durant molts

anys, no hi havia hagut manera de travessar. Però l'amable alcalde de Brillastanya, l'esquirol Crusty McTavish, havia demanat als castors del seu bosc que hi construïssin una passera de troncs. I ara tothom podia anar d'una riba a l'altra del pantà tranquil·lament, cosa que era la mar d'útil.

El Ted va ensumar.

—Escolta, Salze —va dir—. Que has menjat Calls Còsmics?

—No! Que en portes? —va contestar la conilleta, buscant amb la mirada el seu piscolabis de bolets preferit.

—No, però se sent una catipén esgarrifosa —va dir el Ted, tapant-se el nas—. M'ha semblat que venia del teu pandero. Ja saps què passa quan menges Calls Còsmics.

La Salze va aixecar el morro i va remenar el nas unes quantes vegades.

—Naa, no és de la meva collita, aquest —va dir.

—Ooh, ets tan bufoneta quan fas aquesta remenamenta amb el nasset.

—UEAAAAARRRRRG! —va bramar la Salze.

I va saltar damunt del Ted i el va deixar clavat a terra.

—Mira que t'ho he arribat a dir recontratrilions de vegades, eh? NO EM DIGUIS BUFONETA.

—Mmmmmmmmmf! —va fer el Ted, que volia dir *perdona*, però com que tenia una conilleta enfadadíssima trepitjant-li la cara, no li acabava de sortir bé.

—Jo també sento una flaire estranya —va dir la Nancy, sense fer cap cas de la picabaralla escabellada que tenia lloc al seu costat—. I no és la pudor fastigosa del pantà. És com si... com si se li sumés una altra pudor fastigosa.

Va mirar al voltant seu i va veure una altra cosa.

—Cu-cut! —va dir un cuc.

No, aquesta, no. Una altra una altra cosa.

Una petjada enorme.

—Ei, taps de bassa, pareu d'estomacar-vos i mireu això —va dir la Nancy.

El Ted i la Salze se li van acostar arrossegant els peus.

—Ual·la —va dir la Salze—. És ENORME!

I de què devia ser, de què, de què? D'un peu?, una pota?, una peülla?, una postal de París de nit? Feia de mal dir.

—Mireu, una altra! —va dir el Ted—. I una altra!

Les petjades continuaven més enllà del Pantà de la Desesperació, cap a un racó de Grimwood on els animals no s'aventuraven gairebé mai. En aquella direcció, la pudor es feia més intensa.

—Potser és un MONSTRE FÈTID! —va xisclar la Salze, esbatanant cada vegada més els ulls d'emoció—. Potser és... el GEGANT PEUGRÒS!

—Recoi! —va dir el Ted, a qui tot d'una les potes li van fer figa.

El Frank va baixar en picat per veure de què anava tot aquell rebombori.

—Ah, deu ser d'un teixó qualsevol que passava per aquí —va dir—. Au, som-hi.

La Nancy va estirar el germanet pel braç.

—Au vinga —va grunyir—. Ja has sentit el Frank. Anem a la biblio, va. Jo aquí no m'hi quedo, que no tinc ganes de topar-me amb cap teixó sonat.

La biblioteca de Brillastanya era un edifici petit fet de pedres amuntegades de qualsevol manera. El Frank va trucar amb el bec a una porta de roure d'aspecte massís.

Al cap d'una estona, la porta es va començar a obrir a poc a poc.

—Aaaajudeeeeeu-meeeee —va fer una veueta—. Que peeeeesaaaaaa moooolt...

El Ted va mirar avall i va veure un talpet diminut que maldava per obrir la porta.

—Ui, perdó —va dir la guineueta.

La Nancy li va passar al davant amb una empenta, va acabar d'obrir la porta de cop, i el talpet va sortir disparat cap enrere.

El Frank el va collir de terra i el va espolsar una mica.

—Perdona, Artur —va dir l'òliba.

L'Artur va remenar el cap, contrariat, es va posar bé el barret, es va empènyer les ulleres morro amunt i va remugar fluixet.

Tothom el va seguir cap a dins la biblioteca, van baixar uns quants graons i van continuar un tros més. Van entrar en una sala alta de sostre, sorprenentment immensa, atapeïda de prestatgeries plenes de llibres. A les parets hi havia enganxades unes escales de fusta per poder arribar als llibres dels prestatges de més amunt. Repartides per la sala, hi havia unes quantes cadires i mantes, i també un conjunt de taules amb llums al damunt.

—Òndima —va deixar anar el Ted.

La biblioteca li agradava moltíssim. Era de la mena de llocs que feien per ell.

El Frank va travessar la gran sala d'una volada

i es va anar a posar damunt d'una biga de fusta al costat del seu col·lega colom, el doctor Kahn, que estava absort llegint un llibre.

—Hola, amic —va udolar fluixet el Frank.

—Ep! Vet aquí el senyor òliba —va dir el doctor Kahn, que tenia una veu una mica refistolada, però amb un deix afable, per bé que molt i molt seriós—. M'enxampes llegint aquesta biografia d'una exploradora del segle divuit, la baronessa Margarida de Còfia, un personatge absolutament fascinador.

—Doctor Kahn —va dir el Frank, arrufant les enormes celles que gastava—. Et volia demanar si parlaries amb la meva amiga guineu aquí present. Fa una temporada que té malsons.

BARONESSA MARGARIDA DE CÒFIA

—Què? Qui? Com? —va fer el doctor Kahn, i li va caure la lupa—. Ah! Hola, Nancy. Parlem, parlem, i tant... Un moment que vaig a buscar el maletí.

Els dos ocells van baixar amb una voladeta fins on era la Nancy, que es passejava amunt i avall davant la llar de foc, xuclant-se una mica les potes.

Temps enrere, el doctor Kahn l'havia ajudada, quan el brètol repugnant del Sebastian Silver l'havia entabanada i empresonada per sorpresa. Aquell episodi havia sigut un bon embolic.

—Ei, doctor —va fer la Nancy, saludant el colom amb un cop de cap.

—Té uns malsons terribles, doctor —va dir el Ted, que estava impacient per saber què passava a la seva germana—. Oi, Nancieta?

—Sí, és bastant això, sí —va contestar ella, a mitja veu.

—I què hi passa, en aquests somnis? —va demanar el doctor Kahn.

El Ted li va passar la llibreta.

—Tingui! —va dir la guineueta—. Aquí he anat prenent nota de tot el que la Nancy en recordava.

El doctor Kahn va mirar la llibreta per damunt de les ulleres.

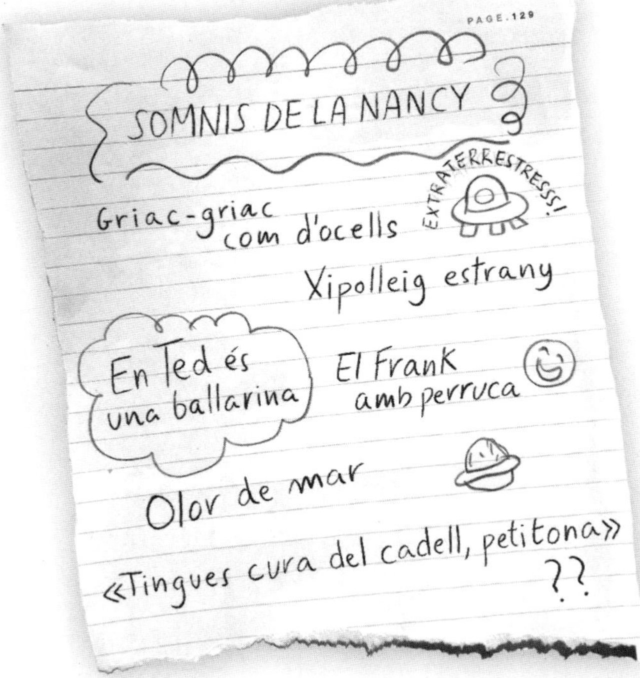

—Una feina excel·lent —va dir el colom, enèrgic, i el Ted es va posar vermell—. Mmm —va fer el doctor Kahn al cap d'una estona—. Hi ha res que et tingui amoïnada especialment, ara mateix?

—Naa —va dir la Nancy—. Tot va bé.

—Em sembla que el cervell està mirant de dir-te alguna cosa —va dir, pausadament, el colom—. De vegades hi ha records que, com que pensar-hi ens fa mal, els apartem. Però, quan estem prou bé i prou a punt per afrontar-los, ens poden tornar.

—Ah, carai —va dir la Nancy.

—Potser hi ha alguna cosa que t'ha desencadenat un seguit de records —li va explicar el metge—.

Se t'acut res? T'ha vingut al cap algun fet del passat?

Per a la Nancy, que li preguntessin allò era fort. Perquè ella i el Ted tenien pendent un problema més aviat GROS: no sabien on eren els seus pares ni si eren vius. Però... a la guineu no li venia gaire de gust parlar-ne; si més no, en aquell moment.

Per això va negar amb el cap i va dir:

—No. A mi, a la vida, no m'ha passat mai cap cosa rara.

La Salze va mirar el Ted i va fer una cara exageradíssima d'«on vas a parar».

—I les empremtes de guineu del nostre cau, què, Nancieta? Explica-l'hi, explica-l'hi! —va dir el Ted.

—Quines empremtes? —va voler saber el doctor Kahn.

—Ah, res —va dir la Nancy—. Que en vaig trobar unes a la paret del cau on vivim. Em van fer pensar en les guineus que hi havien viscut abans; res, això i prou.

—Doncs aquest és un misteri ben fàcil de resoldre —va dir una veu que havia sortit de la gola del Crusty McTavish—. Podem resseguir la pista de gairebé tots els animals que han viscut en aquest bosc, sabeu? Tenim un registre! Segur que trobarem qui vivia al vostre cau.

—Flipes tulipes! Quina passada, oi, Nancy? —va exclamar el Ted.

La Nancy es va arronsar d'espatlles.

—Psè, segurament —va dir.

—I com és que t'amoïnen tant, aquestes empremtes de guineu? —va preguntar, amb tacte, el doctor Kahn.

La Nancy va contestar parlant més fluix.

—Bé... això sonarà una mica ximple, però... em demanava si podrien ser... dels nostres pares.

Va esperar que el doctor Kahn rigués, però el colom no ho va fer. S'anotava coses a la llibreta de metge.

—I ara on són, els vostres pares? —va preguntar.

—No ho sé —va contestar la Nancy.

El Ted es va arronsar d'espatlles.

—Eren de Grimwood? —va preguntar el doctor Kahn.

—No ho sé —va contestar la Nancy.

—Quina edat teníeu quan van marxar? —va tornar a preguntar el doctor Kahn.

—Ni idea. El Ted era un cadell molt petit i jo, una mica més gran...

El doctor Kahn va deixar el boli i es va fer lliscar avall les ulleres.

—Mmm. Segurament no éreu prou grans per quedar-vos sols. Mira, Nancy, em demano si, ara que vius tranquil·la i feliç a Grimwood, no podria ser que, de mica en mica, s'estigués enretirant el vel que tens al damunt d'uns quants records complicats.

—Ah, carai —va dir la Nancy.

—No t'hi amoïnis —va dir el doctor Kahn—. Només són somnis. No et faran cap mal. Però continua escrivint el que hi passa i potser així et vindran més records al cap.

—D'acord —va dir la Nancy—. Ho faré.

—Tot anirà bé, valenta —va dir el colom, que tot d'una va fer cara de ser el colom metge més amable del món—. Si hi ha res que t'amoïni, sempre pots venir a xerrar amb mi.

—Gràcies —va grunyir la Nancy.

Tot d'una, va interrompre la conversa un «Ai ai ai!» de la Salze que venia de l'altra punta de la sala, seguit d'un PATAPAM colossal que va fer una prestatgeria enorme quan li va caure al damunt.

—Salze! —va cridar el Ted, arrencant a córrer cap a l'amiga.

De sota una pila immensa de llibres, es veia una poteta que bellugava.

—M'ajudeu una miqueta? —va grinyolar la Salze. El Ted li va engrapar la pota i la va estirar. Un cop alliberada, la conilleta estava coberta de pols, però tenia els ulls esbatanats i brillants d'emoció.

—Mira què he trobat! Era a la lleixa de dalt de tot; però l'he aconseguit agafar!

La Salze tenia ben agafat un llibre vermell, gruixut i de tapa dura. Semblava antic. Tenia la tapa estripada i pelada, però el Ted encara era capaç de llegir-ne el títol mig esborrat, escrit en lletres daurades.

—*Guia de monstres fantàstics i éssers macabres*, del professor Riambau —va llegir—. Òndima!

La Salze es va aixecar i va anar fent tentines cap a una taula d'allà al costat. Hi va fer petar el llibre al damunt.

(—Ui, no patiu per mi —va dir l'Artur, el talp bibliotecari, que havia anat a corre-cuita cap a la prestatgeria que havia caigut—. Ja ho recullo jo tot sol, això. —I tal dit tal fet.)

—Flipes pipes i tulipes —va dir la Salze, obrint el llibre—. Mira els dibuixos, Ted! Quin mal rooootllo!

El Ted va quedar garratibat.

—Quants monstres!

—Sí, sí, i mira, hi ha diagrames de petjades i coses d'aquestes. Petjades, Ted!

La Salze es va posar a botar allà mateix on era.

—Potser descobrirem de què són les que hem trobat al pantà —va xiuxiuejar el Ted, amb els bigotis que li tremolaven una mica.

La Salze va assentir.

—SÍ! Serem CAÇADORS DE MONSTRES! —va vociferar.

—XXXXXXT —va fer l'Artur, el bibliotecari, que es passejava fent tentines amb una pila de llibres a coll.

—Serem caçadors de monstres! —va xiuxiuejar fortíssim la Salze.

—De conya! —va exclamar el Ted.

—Ara només he de robar el llibre —va xiuxiuejar la Salze—. Corre! De pressa! Fica-te'l sota el jersei.

El Ted va fer cara de contrariat.

—Però si no en porto, de jersei —va dir—. A més, no cal que el robis, Salze. Som en una biblio. El pots agafar en préstec.

La Salze va clavar una mirada recelosa al Ted.

—Què dius tu ara? El puc agafar... DE FRANC? No diguis ximpleries —va bramar.

—XXXXXXXT —va tornar a fer l'Artur, el bibliotecari—. I el teu amic té raó. Pots agafar el llibre en préstec i endur-te'l a casa. Només et cal un carnet de biblioteca.

—No toco vooooores! —va xisclar la Salze.

Al cap de poc, tota la colla ja eren fora de la biblioteca. La Salze anava doblegant el seu flamant carnet de préstec. Era el primer carnet que tenia i n'estava orgullosíssima.

—Penso llegir tots i cadascun dels llibres que tenen aquí dins —va anunciar.

La Nancy, en to de burla, va dir:

—Oi tant que sí. M'agradarà veure-ho, això, conilleta.

La Salze va empetitir els ulls.

—Tots. I. Ca. Das. Cun. Començant per aquest!

Portava la *Guia de monstres fantàstics i éssers macabres* del professor Riambau en equilibri precari damunt del cap.

—Mira, doncs almenys hi ha algú que n'ha tret alguna cosa de profit, d'aquí dins —va remugar la Nancy. Se sentia una mica beneita.

—Ei, germaneta —va dir el Ted, amb dolçor—, que el doctor Kahn ha dit que no t'has d'amoïnar per res, sí o no?

La Nancy va clavar una coça a l'herba.

—Deveu tenir raó —va dir.

—Doncs jo ho trobo molt interessant, en el fons —va dir el Ted, que tot d'una parlava com si fos molt més gran—. Potser com més tranquil·la estiguis, més clars et vindran els somnis! Potser recordaràs més coses. Com si tinguessis una foto borrosa que, com més te la mires, més clara es torna.

—Que sí, que sí; para el carro, doctor Ted —va grunyir la Nancy, apuntant amb la pota a un bolet gros i carnós, que va rebentar d'una coça.

—Tu, animalassa, que has xutat un Call Còsmic de categoria! —va cridar la Salze.

El Ted va fer una rialleta.

—Tota aquesta xerrameca m'ha fet venir gana —va dir la Nancy.

—Jo voto per anar a casa, endrapar tot el que trobem i després estar-nos una estona sense fer res —va dir el Ted.

—Em sembla la mar de bé —va dir la Nancy.

Van fer mitja volta i van tornar cap al cau.

PLATE XI
Casament
Esteu cordialment convidats a la celebració de les noces de
Romeu Cols de Brussel·les
i
Julieta Divina Felicitat
(El casc va a càrrec dels convidats)

CAPÍTOL 4
Casaments

L'endemà era el dia del gran casament dels esquirols, i tothom estava FLIPADÍSSIM d'emoció. Tots els racons del bosc bullien d'activitat. Bé, gairebé tots. En alguns llocs, com ara la caravana del Titus, hi havia una calma sospitosa.

El teixó Wiggy trucava a la porta.

—Titus! —va cridar—. Bon diiiia! Bon diiiia! Som a mitja tarda i ens hem de preparar per la cerimònia, benvolgut mamífer!

El Wiggy va encastar l'orella a la porta. Va sentir uns quants esbufecs i una remor de petjades.

Finalment, el Titus va obrir la porta, anava amb batí i sabatilles apelfades. Tenia bigudins a les banyes i s'estava traient les rodanxes de cogombre que portava als ulls.

—Ai, Wiggins —va fer amb un sospir—. Dec haver fet una clapadeta accidental. Sempre em passa, això, quan em faig un complet de bany i cutis.

—No t'hi amoïnis —va dir el Wiggy, dissimulant el riure i redreçant-se l'americana i el llacet—. Tothom està EMOCIONADÍSSIM. Tenim una núvia brillastanyenca i un nuvi grimwoodià, tu!

Al cap de trenta segons, el Titus va sortir disparat de la caravana amb un barret de copa encaixat entre les banyes. Entre ell i el Wiggy van carregar amb molta cura el pastís al maleter del jeep del teixó.

Es va sentir un soroll estrany.

—XMMMBXMBXMB!

—Com dius, perdona? —va preguntar el Titus, traient el cap per un costat del pastís.

—Jo no he dit res, company —va dir el Wiggy—. Compte, compte... moment delicat... molt rebé, ja el tenim a lloc.

Es va tornar a sentir el soroll estrany.

—Ja hi torna, ho has sentit? —va preguntar el Titus, contrariat.

El Wiggy va fer que sí.

—Que és curiós... —va dir.

Els dos amics van tombar el cap enrere. Res, ningú. El Wiggy va mirar sota el jeep. Res, ningú. El Titus es va treure el barret de copa. Res, ningú.

El Wiggy es va arronsar d'espatlles, i tots dos es van ficar al cotxe. Tenien el pastís al darrere, posat damunt la plataforma del jeep.

—¡XMGGGMBXGGGMBX! ¡NNNMMMXMB! —va dir el pastís de noces.

Un fet bastant curiós, perquè els pastissos de noces no parlen.

Al mig de Grimwood hi havia una clariana on sovint s'hi jugaven els partits d'arbrexocs o bé s'hi representaven les obres de la Companyia Teatral de Grimwood, que dirigia l'Íngrid. Aquell dia s'hi celebrava el casament. S'hi havien col·locat tot de rengleres de bancs de fusta, i un grupet de castors amb granotes de treball construïa una petita tarima.

Una ànega que portava una carpeta de pinça corria amunt i avall ATABALADÍSSIMA. Es deia Tamara i era la secretària de l'Íngrid.

—On són els pots amb espelmetes? —va clacar per telèfon—. Necessito els pots amb espelmetes! Necessito les flors! On és la teca del bufet? On és la dígei? UUAAAAAA!

Mentrestant l'Anoushka Vaporosa, una llebre brillastanyenca molt bonica, afinava l'arpa que portava. A Brillastanya —i ara a Grimwood, també—, l'Anoushka era famosa per ser una estrella del pop, una icona de la moda i l'autora del llibre *No t'atabalis! Sigues maca com jo i prou*. Havia compost una cançó en ocasió del casament. Un cor de ratolins vestits amb túniques blanques escalfava la veu.

Una túnica és una mena de brusa llarga, per si no ho sabíeu.
Al·leluia!

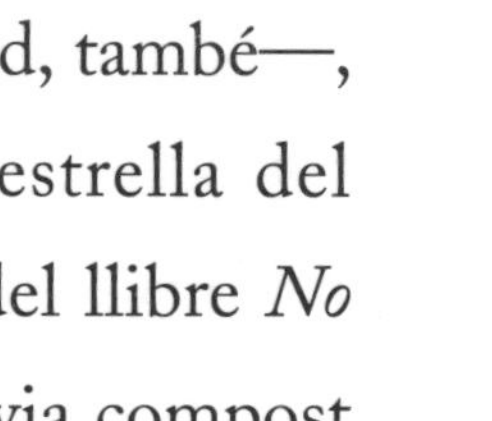

—Ep, amiguets peludets, daixonses, que sou moníssims, eh? —va dir l'Anoushka, que tenia la veu delicada i bonica com una flor silvestre—. Però us demano, sisplau, que aquest cop no espatlleu la cançó, d'acord? I és que canteu tots bastant fatal. Ha, ha, ha, perdó! Ai, xatos, com us estimo.

—D'acord, Anoushka! —va respondre el cor de ratolins.

L'Íngrid estava enfilada damunt d'un gran coixí de vellut. S'havia posat el turbant més magnífic que tenia.

—Espero no fer quedar malament la núvia —va dir—. No m'ho perdonaria mai dels mais. Prunyonosa, rei del meu cor! Digues, i no gosessis pas mentir-me, que potser estic massa radiant i bonica, avui, perquè se'm vegi en públic?

El Comte de Prunyonosa, que estava escampant pètals de rosa, es va aturar per mirar la seva muller.

—Estimada —li va dir—. Quina reina més espaterrant que estàs feta! Quin plomatge més excels! A la núvia, la rosegarà l'enveja.

L'Íngrid va assentir, satisfeta, i es va posar més ombra d'ulls.

Tot d'una el cel es va enfosquir.

Va ressonar un crit fortíssim.

—ARBREXOOOOOOOOOC!

QUE ARRIBA EL NUVI!

El Romeu, que efectivament era el nuvi, va arribar a la clariana fent un salt d'arbrexocs, seguit d'una dotzena més d'esquirols. Van aterrar tots a la tarima d'una patacada.

—Acabes de fer la teva última arbrexocada d'esquirol lliure, Romeu! —va cridar un esquirol alçant la pota.

El Romeu es va posar dret i es va espolsar el jaqué.

—Doncs, mira, nen —va dir—. No veig l'hora de casar-me, jo. La Julieta és l'esquirol de la meva vida! Ho sé des del dia que la vaig veure omplir-se les galtones d'un fotimer d'avellanes. Estic FOLL D'AMORRRR!

I l'esquirol Romeu va fer una remenadissa d'alegria.

—Ecs —va dir la Nancy, i va fer el gest de treure les tripes per la boca.

—L'amor veritable em sembla MERAVELLÓS —va deixar anar el Ted.

—Jo el trobo sonso i avorrit —va dir la Salze, i va dedicar un petarrelleig al Romeu sense venir a tomb.

Ben aviat, tots els bancs van estar ocupats. El Titus i el Wiggy ja havien arribat i havien posat l'espectacular pastís de noces al mig d'una taula llarga, que era plena a vessar de piles i piles de menges delicioses.

—Mmm, quines ganes que arribi l'hora del BUFET! —va fer la Salze, bavejant, quan va veure tot aquell bé de Déu de teca.

El Ted va saludar amb la pota uns quants amics brillastanyencs, que s'anaven asseient a taula. Va

veure el doctor Kahn, el Crusty McTavish, la Mo i la Reena, que era una estrella de l'arbrexocs, com la Nancy.

—Ooh, quin nivellàs, tot —va dir el Ted, mirant al seu voltant amb un somriure.

I tenia raó. La clariana, plena d'espelmes, flors i cintes, feia realment molt de goig. Era l'indret perfecte per a un casament romàntic perfecte.

Dalt la tarima, l'Íngrid es va situar al lloc que li pertocava, davant del Romeu. Va fer un senyal a l'Anoushka perquè comencés a tocar l'arpa.

La Julieta, la núvia esquirol, era sota d'una arcada de branquillons i roses. Va avançar passadís avall, abillada amb un vestit blanc llarg. La cua del vestit espurnejava.

—Oh —va exclamar el Ted.

—És preciosa —va somicar la Salze, i es va mocar amb la bufanda del Ted.

Mentre el sol es ponia, les espelmes pampallugejaven dins els pots com si fossin petites cuques de llum.

L'Anoushka va començar a cantar:

Vet aquí dos esquirols,
saltimbanquis com ells sols,
de veure's, el cor els peta,
perquè els ve la picoreta
de l'amor ESQUIROOOOL!

El cor s'hi va afegir:

Amor d'esquiroooool, sí!
Tasta l'amor d'esquirol, vida.
I si té res de dolent,
del bé, no en vull saber re.
De pet a l'amor m'ha empès.
L'oneig de ta cua al vent.
Amor d'esquirol, sí.
Tasta l'amor d'esquirol, vida...

La Julieta i el Romeu es van agafar de les potetes i es van mirar fixament als ulls.

—T'estimo moltíssim, dolça pardaleta del meu cor —va dir el Romeu.

—Jo també t'estimo, terrosset de sucre —va dir la Julieta.

La Nancy va tornar a fer cara d'estar a punt de treure l'esmorzar.

Aleshores l'Íngrid va estarrufar les plomes i es va posar ben dreta al damunt del seu imponent coixí de vellut.

—**QUAC!**, mireu-me tots.

Tothom va mirar l'Íngrid.

—Per als que no em coneixeu, jo soc l'Íngrid. Sí, ja sé què penseu. Penseu «oh, sí que em sona, aquesta cara tan bonica...».

La Nancy va grunyir.

—Doncs, sí, soc l'ànega estrella de cine de qui tots heu sentit a parlar. Autògrafs i fotos amb mi, ara no, sisplau. Després, el meu marit ja repartirà retrats meus signats. I ara remuntem-nos al començament de la meva carrera, quan era una anegueta que somiava grans...

El Frank va fer cara d'estar perdent la paciència.

—Íngrid —va mussitar—. Has vingut a oficiar el casament, no a explicar-nos la teva vida.

—**QUAAAAC!** Ja ho sé!

L'ànega es va posar bé el turbant amb un brillant que duia i va reprendre el discurs.

—Ens trobem aquí per celebrar l'enllaç de dos esquirols... i de dues comunitats. Com tots sabem, Grimwood i Brillastanya són diferents en molts sentits. Vosaltres, els brillastanyencs, sou llestos, ben plantats i feu una flaire estupenda. Nosaltres, els grimwoodians, som... ehem...

—Divertidíssims i súper llestos! —va cridar la Salze.

—Entusiastes! —va proposar el Titus.

—Rarots —va remugar la Nancy.

—Sí, sí, som tot això —va dir l'Íngrid—. ARA BÉ, també som veïns. I tothom necessita bons veïns, oi que sí?

L'esquirol Julieta es va escurar la gola educadament.

—**QUAAAAC!** Però què t'has pensat, tu?, que estava a mig discurs! —va protestar l'Íngrid.

—Perdona, Íngrid —va balbucejar la Julieta—. Però quan arribaràs al trosset de quan ens cases?

—Ah, sí —va dir l'Íngrid, remenant uns fulls que tenia—. Vejam, a veure... amor etern, bla bla bla, l'enllaç de dos esquirols, nyè nyè nyè... Ah, aquí hi ha el tros bo. —L'Íngrid es va tombar de cara als convidats.— Si hi ha algú que sàpiga algun motiu per impedir que aquests dos esquirols es casin, que parli ara o que balli per sempre.

Ningú no va dir res.

Prrrrut!

Bé, gairebé ningú.

—Perdoneu —va dir el Titus—. Ha sigut el meu pandero.

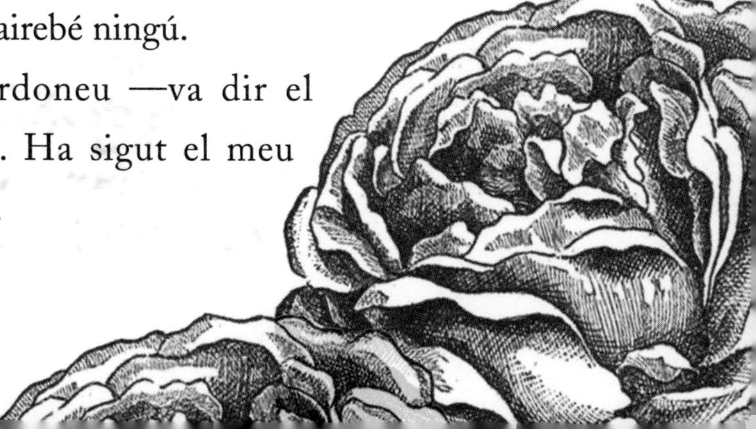

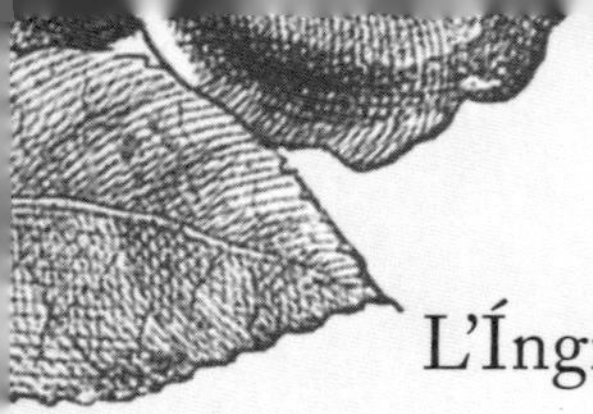

L'Íngrid va sospirar i es va tombar cap als esquirols.

—Tu, Julieta Divina Felicitat, vols prendre el Romeu Cols de Brussel·les per marit?

—Sí, ho vull!!! —va esgüellar la Julieta.

—I tu, Romeu Cols de Brussel·les, vols prendre la Julieta Divina Felicitat per muller?

—Sí, ho vull, ho vull!!! —va xisclar el Romeu.

—Molt bé —va dir l'Íngrid—. Doncs ja està fet.

Els convidats van cridar d'alegria.

El cor es va posar a cantar.

El Romeu i la Julieta es van mirar fixament als ulls.

—Ha sigut un dia PERFECTE —va dir el Romeu.

—Oi tant que sí. Visca, visca, visqui, visca! —va dir la Julieta.

I es van fer un petó.

I llavors una àguila enorme va baixar en picat i se'ls va menjar.

CAPÍTOL 5
Diversions

Del Romeu i la Julieta, pobres, no en va quedar res, a banda d'un barret de copa alta i un pomet de flors, que la Quela, la principal dama d'honor de la Julieta, va agafar d'una revolada.

El Titus es va situar, fent tentines, al davant dels convidats.

—Ehm... mmm... bé, hola a tothom. Quin dallò... quin incident més horrible, eh? Per als qui no ho sapigueu, la del vol rasant ha sigut la Pamela. Com podeu veure, té una personalitat forteta, ha, ha, ha! Però li tenim molt d'afecte.

Ningú no va dir res.

—Bé! —va dir el Titus, grapejant el barret de copa—. Els nuvis (els nostres estimats i difunts nuvis, vull dir) m'havien demanat que fes un discurset. El Romeu em va explicar unes quantes anècdotes divertides, gamberrades que ell i els companys havien fet durant les gires de l'equip d'arbrexocs! Sí, Lance, sí, et miro a tu, ha, ha!

Ningú no va riure. El Titus es va mossegar la peülla. No sabia què dir. Va mirar el Wiggy de reüll, que va alçar els polzes i va fer veure que picava alguna cosa del bufet. La Salze es va enfilar damunt d'un tronc i va fer una ballaruga. El Frank va arquejar les celles i es va arronsar d'espatlles.

—Bé, doncs. Ateses les tràgiques circumstàncies —va continuar dient el Titus— i, ehm, com a homenatge a aquesta parella tan encantadora i, mmm, morta..., què us sembla si fem el banquet i la disco igualment?

Els convidats van acceptar-ho amb crits d'alegria.

—Uf! —va exclamar el Titus.

L'alcalde va baixar de la tarima, va entaforar el morro a l'aixella del Wiggy i va fer una ploradeta.

—Molt bé, Titus —li va dir el Frank—. No ha degut ser gens fàcil.

El Crusty McTavish, ficat dins el seu patí, se'ls va acostar rodant.

—Trobo que hauries d'haver parlat més de l'afer de l'àguila assassina, Titus —va dir.

—Em sap molt i MOLT greu, Crusty —va respondre el Titus, somicant—. Quan hi ha celebracions, normalment a la Pamela li posem un morrió, però per desgràcia aquesta vegada ens ha passat completament per alt.

El Crusty va mirar tota la colla de convidats.

—Segurament tens raó —va fer amb un sospir—. No té cap sentit que malbaratem tot aquest menjar, oi? Posats a fer, transformem la festa en una celebració de la vida esquirolenca d'aquell parell. Brindem pel Romeu i la Julieta! Qui ho havia de dir, que viurien un amor tan fatídic?

—Sou mig imbècils! —va cridar l'Íngrid—.

A l'obra *Romeu i Julieta*, els dos protagonistes l'acaben dinyant. I JA US HO HAVIA DIT jo, tot això. Però li vau fer cas, a l'Íngrid? No, no n'hi vau pas fer, de cas a l'Íngrid.

L'ànega va tancar amb un clec el mirallet que duia i va marxar balancejant-se feta una fúria.

De sota una bardissa, en sobresortien un parell de potes d'ànec.

El Ted les va tibar suaument i, lliscant, va aparèixer la Tamara, que semblava que havia sofert un petit atac de nervis.

—Un ocell! —va deixar anar—. Ha sigut un ocell sortit del no-res!

El Ted li va acariciar el cap.

—No ho hauries pogut evitar, Tamara —li va dir—. No t'hi capfiquis. Saps on és la dígei? Crec que una mica de música ens aniria bé.

La Tamara va obrir uns ulls com unes taronges.

—La dígei —va xiuxiuejar—. Fa hores que no se sap on para!

El Ted es va gratar el nas i va rumiar una mica.

—La dígei és la Sharon Festaire? —va preguntar.

La Tamara va assentir i es va tornar a ficar, a poc a poc, sota la bardissa.

Tenint en compte el que havia passat, la resta d'esquirols estaven prou tranquils.

—Així, no esteu nerviosos? —els va preguntar la Salze—. No us inquieta gens això dels col·legues que acaben de ser devorats?

—És un risc que correm cada dia —va dir la Gínger Fiasco, afartant-se de Fofots de formatge, amb un posat indiferent—. Esquirolejar vol dir jugar-s'hi el coll. A més, ara per ara, la Pamela ja té la panxa plena.

La Salze va fer xocar el puny amb el de la Gínger.

—Sí, senyora, amb un parell —va dir.

El pastís de noces imponent era al bell mig de la taula.

—Alça! —va exclamar el Ted—. Un pastís de cinc pisos. Quina passada, Titus!

El Titus va somriure per sota el nas, tímidament.

—Sí, potser sí que ha quedat força bé. Llàstima que la núvia no el pugui tastar.

Es va sentir un soroll estrany.

—XMMMBXMBXMB!

—Què ha sigut això? —va preguntar la Nancy.

—Potser és... EL MONSTRE FÈTID! —va xisclar la Salze i va fer un gest de karateka trinxador.

—Titus, quan tallarem el pastís? —va preguntar el Ted.

—Abans, em faria gràcia fotografiar-lo —va dir el cérvol—. El Wiggy ha anat a buscar la càmera.

El pastís es va bellugar.

—Aaaaaah! —va exclamar el Ted, que va anar a parar d'un bot a la falda de la Salze—. El pastís està embruixat!

El pastís de noces es va posar a tremolar i a fer batzegades. El sucre glaçat es va començar a esquerdar.

—Noooo! —va cridar el Titus—. Què passa?

De sobte, el pastís va EXPLOTAR.

Van sortir volant pels aires tot de bocins de pasta de sucre, de crema, de confitura i de pa de pessic.

—PUEEET! PUEEET!

Era la Sharon Festaire.

—PUEEET! HE ESTAT TANCADA DINS EL PASTÍS UNA PILA D'HORES —va xisclar—. QUINA CALDA MÉS BESTIAL, TU, DE DEBÒ! PUEEEET, QUE COMENCI LA FESTA!!!

Mentre el Titus somicava fluixet al costat de les restes de la seva obra d'art, la Sharon es va anar menjant el tros que en quedava fins que va poder sortir del tot i es va dirigir, ben decidida, cap al seu carretó de supermercat disco, que estava oportunament aparcat allà a la vora. Es va posar els auriculars i va arrencar amb el volum al màxim.

—UEPA, UEPA! AQUÍ LA DÍGEI SHARON FESTAIRE!

—A ballar! Ja era hora! —va xisclar la Salze, i ella i els seus 436 germans i germanes van córrer cap a la pista de ball (que només era una esplanada

Aaaah, quan era jove recordo que anava a una discoteca que es deia **arrossegat's.** És on anàvem tots els insectes enrotllats. **Era molt fosca.** Amb el terra tot enganxifós. Ara que hi penso, era sota una nevera.

amb herba i unes quantes pinyes. Que això no és cap discoteca, què us heu pensat?).

—Íngrid, reina meeeeva —va dir el Comte de Prunyonosa—. Al nostre casament no vam dansar. Voldries fer-me l'immens honor de concedir-me aquest ball, que em faries l'ànec més feliç del món?

—Uix —va fer l'Íngrid, amb cara de resignació—. Va, d'acord.

Es va deixar portar fins a la pista de ball. I allà, la parella va fer una coreografia molt vigorosa. Hi va haver un moment que el Comte es va tirar a terra d'esquena i, amb un cop de pota palmada i llisquent, va llançar l'Íngrid enlaire. Tots els convi-

dats van fer rotllana al voltant seu i els van animar i aplaudir fins que van acabar el ball.

—Ha sigut espectacular! —va cridar el Wiggy.

—Sí, fa mesos que practiquen —va dir la Nancy.

I llavors, la guineu va ensumar l'aire, perquè... es tornava a sentir aquella pudor estranya. La que havia notat al costat del Pantà de la Desesperació. La que se sentia a tocar de les petjades.

—Sents la pudor, Wiggy? —va preguntar.

El Wiggy va alçar el seu morrot de teixó i va ensumar.

—No la trobo pas estranya. De què se suposa que és? —va dir.

La Nancy es va tombar i va mirar la taula del bufet.

—La mare del Tano! —va cridar.

La taula estava de cap per avall. Hi havia plats, tovallons i menjar escampats per tot arreu. Les tovalles estaven totes estripades. Algú, o alguna cosa, havia fet una destrossa.

—Oh no! —va cridar el Wiggy—. Els entrepans! Les galetetes! Els Fofots de formatge!

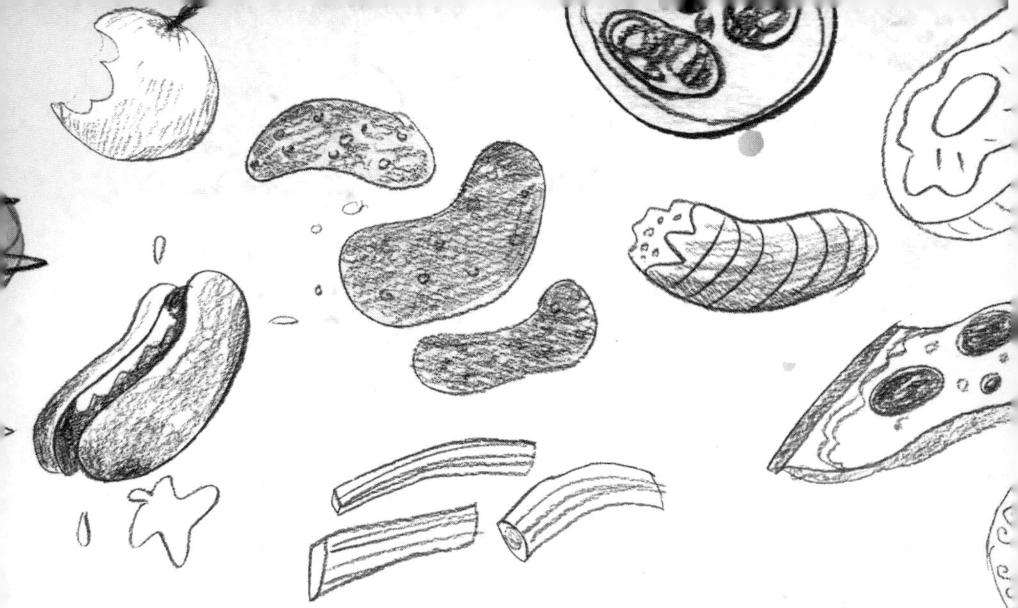

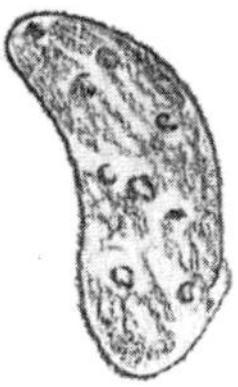

—El qui ho ha fet ha aprofitat un moment que estiguéssim distrets —va rugir la Nancy—. Ens vigilava.

Arribats a aquell punt, tothom ja s'havia adonat del daltabaix.

—Primer el meu pastís fenomenal i ara això! —va exclamar el Titus—. Ai, quina angúnia, ai quin patir!

—Ei, daixonses, grimwoodians, que em sap greu dir-ho, eh? Però les vostres festes són, daixonses, súper lamentables! —va bufar l'Anoushka Vaporosa. I llavors va agafar l'arpa i va marxar d'una revolada. Molts convidats brillastanyencs la van seguir.

La Salze va pispar una lupa de la motxilla del Ted i es va enganxar un llum intermitent vermell i blau al cap.

—Què fas, conilla? —va preguntar la Nancy, de mala lluna.

—Soc la detectiu Salze, investigadora privada i súper grandíssima CAÇADORA DE MONSTRES! —va dir la Salze.

I va començar a examinar els voltants de la taula del bufet, tot deixant anar comentaris com ara «Mmm, interessant» i «Ahà, ja m'ho pensava».

Va alçar la vista de terra.

—On és el meu ajudant? Ted! Que l'ajudant ets tu.

El Ted va sortir d'un bot de darrere d'un tros de tronc, on havia estat endrapant pastissets de salsitxa dissimuladament.

—Aguanta'm la llanterna —li va ordenar la Salze.

El Ted va fer el que li manaven. La Salze va agafar un tros de tovalles estripades que tenia una taca negra.

—Alça —va dir el Ted—. Una altra petjada! És igual que les que hem vist al costat del pantà!

La Salze va assentir, molt satisfeta.

—Emportem-nos-la al cau i mirem si la trobem al llibre —va dir—. Així sabrem EXACTAMENT amb quina mena de monstre ens les havem.

—Mo... mo... monstre? —va dir el Wiggy—. Qui ha dit monstre?

—No hi ha cap monstre enlloc, Wiggy —va dir la Nancy—. Són aquest parell de gamarussos que fan el pena i prou. Com sempre.

Ara bé, la petjada era grossa. Allò era indiscutible. Molt grossa. I, fos qui fos, qui havia destrossat el bufet, de gana, en tenia molta...

Aiii, **quin cangueli!** Ai, que no puc pas continuar. Si no és que... que em donaríeu la maneta, sisplau? No aquesta, no, l'altra. No aquesta, no, l'altra. No, perdó, aquesta, no, l'altra...

CAPÍTOL 6
Crits

—Pugeu al jeep —va dir el Wiggy—. Si és veritat que passa alguna cosa rara, no vull que us hi emboliqueu.

El Titus, la Nancy, el Ted i la Salze s'hi van ficar a corre-cuita i ja els vau tenir asseguts al vell jeep del Wiggy, sotraguejant i roncant bosc endins. La Salze escrutava els arbres amb uns binocles.

—Però, Nancieta, si és un monstre de debò, què farem? —va xiuxiuejar el Ted, mirant sa germana.

La Nancy no va saber gaire què contestar.

—Segurament sí que ho és —va dir entre dents la Salze—. I llavors l'atraparem, el lliurarem a la policia antimonstres i ens donaran trilions de trilions de recompensa! I a més, m'hi jugo un pèsol que sortim a la tele.

—Apa, quina emoció —va dir el Ted, però amb veu de no estar gaire emocionat.

La Salze va deixar els binocles al seient i se'l va mirar fent mala cara.

—Que no vols ser un caçador de monstres? —li va bordar.

—Ehm... i tant que sí —va fer el Ted, encongint-se d'espatlles—. Només que no m'agradaria que se'm mengessin i tal.

El Titus seia al davant, al costat del Wiggy i xisclava esglaiat cada vegada que veia una branca o una mosqueta.

—Sisplau, soci, deixa de cridar —va dir el Wiggy—. Que em distreus, i estic conduint!

El Titus es va arrapar a la maneta de la porta.

—Perdona —va dir—. És que els fars del jeep fan que tot agafi un aire molt tètric! La imaginació em juga males passades. AAAAH!

El Frank planava damunt seu i els llums del jeep se li havien reflectit als ullarros sortits que tenia.

—Que soc jo, mestre —va vociferar l'òliba—. Faig la ronda a veure si hi ha res. Per ara, cap bestiota lletja. Només hi ha un fotimer de conills que tornen a la Vila dels Conillets.

La Salze va fer cara de fàstic.

—Ma mare, si s'adona que no he tornat, em matarà —va dir—. Frank! Pots anar a la Vila dels Conillets i demanar al meu germà Orlando que tregui la Salze de joguina que té, sisplau? Ell ja sabrà quina vols dir.

—I l'Orlando quin és? —va preguntar el Frank.

—El de color gris —va dir la Salze. Una resposta de gran utilitat. I el Frank va emprendre el vol cap a la Vila dels Conillets.

La Salze va tornar a mirar el camí.

—Fot-li gas, Wiggy! —va cridar—. Hem de tornar al cau a tota llet, que he de consultar el llibre de caçadors de monstres!

El Wiggy va prémer amb força l'accelerador. No li feia gaire gràcia passejar-se pel bosc, mentre hi campava una bèstia misteriosa.

Just llavors, al vidre del davant, hi va aparèixer el Felipe, un borinot passavolant.

—Cu-cut! —va botzinar—. Què feu?

—Aaaaah! —va bramar el Wiggy, i sense voler va encastar el jeep a la cuneta.

—Perdó! Només saludaaaaava —va brunzir el Felipe, que va marxar volant. I és que era així de borinot, ell.

Les rodes del jeep encara giraven, però el vehicle estava aturat. El Wiggy va apagar el motor.

—Ui, nanos... esteu tots bé?

Es van sentir grunys i gemecs.

Les rodes del darrere del jeep penjaven a l'aire, i les del davant estaven encastades fins al fons en un munt de terra. La Salze, la Nancy i el Ted van sortir

d'un bot pel darrere i van ajudar el Titus i el Wiggy a escapolir-se pel davant.

—Qui té una llanterna? —va bordar la Nancy.

El Ted se'n va treure una de la motxilla i la va sacsejar.

—La pila està molt gastada, però ens hi haurem de conformar —va dir mig somicant.

Era fosquíssim. Semblava que els arbres fossin

més grossos del normal, i les branques planaven amenaçadores per sobre dels cinc companys com potes d'aranya.

—On som, Wiggy? —va preguntar la Nancy—. No ho reconec.

—Som al Més Enllà —va dir el Titus, amb un to misteriós.

—I què és aquest lloc? —va preguntar el Ted, una mica amoïnat.

—Ah, només vol dir que som a la part del darrere del bosc —va aclarir el Titus—. Hem passat el pantà i la Vila dels Conillets, som llunyíssim de la meva caravana, i la Torre Màgica queda allà a l'altra punta.

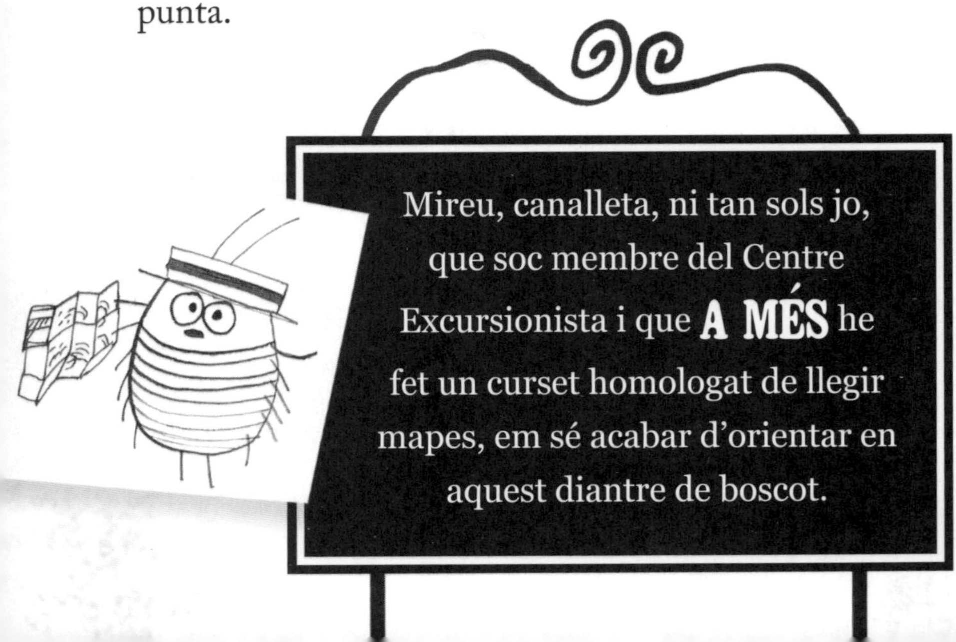

La Nancy va fer cara de pomes agres. Feia una bona temporada que vivien a Grimwood, el Ted i ella, però de vegades encara els semblava força laberíntic.

La pudor, aquella vegada, va atacar el nas de tothom, no només el de la Nancy.

—Oh, quina flaireta més punyent —va dir el Wiggy, tapant-se el morro amb la corbata—. Salze, que has tornat a menjar Calls Còsmics?

—NO! —va cridar la Salze—. Voleu fer tots el favor de deixar d'acusar-me d'anar fluixa de molles?

—Nancieta, és la mateixa pudor d'abans —va dir el Ted, amb les orelles planes de preocupació—. La que hem sentit quan anàvem a la biblioteca.

—Au, va —va dir la Nancy—, que només ens trobarem un teixó pudent. No hi ha cap monstre, aquí.

Van avançar amb compte cap allà d'on venia la fortor, que era intensa i repugnant.

—Mantinguem-nos junts —va dir el Titus, que

feia un esforç brutal per ser valent, perquè era el més vell de la colla, per uns quants centenars d'anys.

El Ted va mirar el Titus i li va prémer la peülla en senyal de complicitat.

—No t'amoïnis, Titus —va dir somrient—. No et deixarem sol.

Van passar per damunt d'uns quants arbres caiguts i a través d'unes quantes bardisses espinoses.

—Veig alguna cosa —va dir entre dents la Nancy—. Ajupiu-vos!

Al davant tenien una figura grossa i fosca. En sortia un torterol de fum.

—És un drac! —va esgüellar la Salze—. Ted, encén la llanterna!

El Ted va enfocar la figura... i van veure prop d'un centenar de neumàtics de cotxe vells i espellifats, apilats de qualsevol manera. Era com si haguessin cremat una estona, i el foc tot just s'estigués acabant d'apagar.

—Ecs, ja hi tornem amb el coi d'humanoides que ens venen a llançar la brossa aquí —va gemegar la Salze, que estava molt decebuda que no fos un drac.

La Nancy va ensumar.

—Goma cremada —va dir—. A la Gran Ciutat se sentia molt sovint, aquesta pudor. Ara entenc per què m'era tan familiar.

—Uf, quin descans —va dir el Titus—. Molt bé, doncs! Què, veniu tots a ca meva a menjar bunyols de crema?

—Però aquí hi ha una bèstia que campa sola! —va xisclar la Salze—. Que no ha sigut pas una torre de neumàtics, la que ha deixat les petjades gegants i ha arrasat el menjar de la festa, oi que no?

—Ai, no; suposo que no —va contestar el Titus, una mica picat—. Però m'agradaria tornar a casa. Ha sigut un dia molt atabalador. Que la Pamela s'ha menjat els nuvis, per l'amor de Déu!

El Ted, mentrestant, anava examinant la pila de

neumàtics amb la llanterna. En va enfocar cada racó. I, tot d'una, només un instant, va il·luminar una cosa que brillava. Des de dins la pila, se'l miraven fixament, espurnejant, un parell d'ulls.

Al Ted se li va tallar l'alè. Va quedar glaçat.

—Què passa, nen? —va preguntar la Nancy, arrufant el front—. Sembla que hagis vist un fantasma.

Llavors l'enorme pila de neumàtics va començar a esfondrar-se.

—CORREU! —va cridar la Nancy.

Quan les rodes gegants van espetegar a terra, tothom es va apartar. Eren pesants i rebotaven, i esclafaven tot el que trobaven al seu pas. La Salze va ensopegar i va caure.

—Ai, reporrons! —va grinyolar.

La Nancy va fer mitja volta, va tornar enrere i va apartar la conilleta del davant d'una roda enorme que rodolava cap a elles.

—Nancieta! —va cridar el Ted.

I això va ser l'últim que la guineu va sentir, abans de perdre el món de vista.

CAPÍTOL 7

Reunions

La Nancy va obrir els ulls. Tenia un parell de forats negres, grossos i peluts vibrant-li davant la cara.

—Hola, Titus —va murmurar la guineu.

Els foradots negres i peluts eren, efectivament, els narius amoïnats del Titus.

—Ostres, tu —va dir el cérvol, passant-se la peülla pel front—. Ens has clavat un bon ensurt, Nancy! La roda et va picar molt fort.

—Ai —va dir ella, prement-se el cap.

—Ja els he dit que no t'havies fet res —va dir el

Ted, que era al seu costat menjant raïm—. Allà a la Gran Ciutat, la Nancy sempre es gratava la tinya amb algú o altre, oi, germaneta?

—La conilla, què tal? —va grunyir la guineu.

—Bé —va dir el Ted—. La vam portar a la Vila dels Conillets. Li vas salvar la vida, Nancieta!

La Nancy es va incorporar repenjant-se amb els colzes i va mirar per la finestra de la caravana, pensativa. Feia un matí net i clar. Però ella mirava de reconstruir el que havia passat la nit abans.

—Algú va fer caure les rodes, Nancieta —va dir el Ted—. Et juro que vaig veure algú que em mirava des de dins la pila.

—Em sembla que hem d'avisar tothom que hi ha algú estrany que ronda per Grimwood —va dir la Nancy.

—Oi tant que sí —va dir el Titus—. El Frank ja ha anat cap a la Torre Màgica a dir a la Pamela que aquesta tarda farem una reunió d'emergència. Ella ho anunciarà al programa de ràdio.

—Ah, la gran ocella assassina, magnífic. Segur que tothom li farà moltíssim cas —va gemegar la Nancy.

Es va servir un cafè i se'l va beure d'un glop.

A banda de menjar petits mamífers, l'altra afició de la Pamela era presentar un programa amb trucades en directe a Ràdio Grimwood. De fet, el seu era l'únic programa de Ràdio Grimwood perquè, ehem, al bosc l'emissora de ràdio se l'havia inventat ella. De tant en tant, donava permís a la Sharon Festaire per presentar-lo juntes.

El Frank va baixar en picat fins al niu de la Pamela i, amb cautela, va trobar un lloc segur per posar-s'hi.

—Què? —va grallar l'àguila.

El Frank se la va mirar sacsejant el cap.

—Com has gosat, Pamela? —va renyar-la—. Era el seu dia de noces!

La Pamela es va fer la desmenjada.

—Bé s'ha d'omplir la panxa, una servidora —va dir—. Mira, si més no van tenir un matrimoni feliç.

—El matrimoni va durar uns 0,3 segons, Pamela! —va dir el Frank.

—Però ben feliç que va ser, ja ho he dit. Has vist cap extraterrestre, darrerament?

—Què? No! Escolta, has d'anunciar una cosa a la ràdio. El Titus ha convocat una reunió d'emergència. Aquesta tarda, davant la caravana.

La Pamela va assentir.

—Entesos —va grallar—. Ho diré després de l'espai en què comento diversos tipus de manicura per a peresosos.

—Fantàstic, merci —va dir el Frank, i va estendre les ales per marxar—. Ah, Pamela, una altra cosa, oi que et posaràs el morrió per venir a la reunió, sisplau? Hi haurà uns quants amics del Romeu i l'afer del casament encara els cou.

La Pamela es va acomiadar del Frank tocant-se el front amb la punta de l'ala.

Sabeu què?, que al regne animal es passen el dia menjant-se tots els uns als altres. No em vingueu amb escarafalls, ara. Jo, per si us interessa, soc xocolatarià. Xocolata amb llet, menjo, blanca no. Que no soc un animal.

Aquella tarda, el Titus va obrir la porta i es va trobar tota una colla de grimwoodians davant de casa. Es va enfilar damunt la soca d'un arbre, mentre el Ted, la Nancy i el Wiggy s'asseien als graons de la caravana. La Nancy portava el cap embenat, cosa que secretament creia que la feia semblar forta i ferma. El Titus es va escurar la gola.

—Ara mateix, l'important és que NO ens alarmem —va dir el Titus a tothom—. Només us volia dir que aparentment tenim un visitant inesperat...

BANZAAAAAAAAAAAAAI!

El discurs del Titus va quedar interromput per la Salze, que va saltar teatralment damunt la taula de l'alcalde. Portava una cinta carbassa lligada al front i les seves adorables galtones pintades amb ditades de color verd. A la mà hi duia una raqueta de tenis, el tros de tovalles estripat i el llibre sobre

monstres, que va deixar anar de cop, amb gest dramàtic, damunt la taula.

—Escolteu-me, gent! —va bramar—. Hi ha un MONSTRE campant pel bosc! I és brutalment gros, ja us ho dic!

—AAAAAAAH! —va cridar tothom.

—Tranquils, tranquils! —va fer el Titus.

—Ben fet, conilla —va grunyir la Nancy—. Tu sí que en saps de conduir la situació.

La Salze va desplegar el tros de tovalles.

Quan va assenyalar la petjada gegant que hi havia, es van sentir tot de crits ofegats dels grimwoodians.

—Escolteu-me bé —va dir la Salze, passejant-se amunt i avall—. El monstre va destrossar el bufet de noces! S'amaga a Grimwood! I ahir a la nit... gairebé em mata!

Als grimwoodians se'ls va tallar l'alè.

—I sort de la Nancy, que em va salvar la vida —va continuar dient la Salze—. Un fet que suposo que mola bastant.

Se sentia gent que ploriquejava.

—Algú l'ha vist? —va preguntar el Monty, que era el germà gran del Wiggy i un teixó força talòs—. Els meus germanots i jo sortirem amb el jeep i el deixarem arreglat, aquest pocapena! Ja us dic jo que m'he cruspit monstres més grossos que aquest per esmorzar.

El Wiggy es va enrojolar.

—Ehm, tenim un problemet amb el jeep, tu —va dir, tímidament—. L'he encastat dins un forat molt gros.

El Titus va picar dues closques de coco perquè l'escoltessin.

—Aquí NINGÚ no sortirà a buscar cap monstre! —va dir—. Fins que no sapiguem amb qui ens les havem, res de res. Tingueu els petits protegits dins els caus i, sisplau, si veieu, sentiu o ensumeu res d'estrany, veniu-m'ho a explicar.

La Salze mastegava un branquilló i feia giravoltar la raqueta de tenis.

—Exacte —va dir—. Això de caçar monstres, deixeu-nos-ho als professionals.

—Professional, tu? —es va sentir que cridava una veu—. Una paparra professional, això és el que ets!

—Hola, mama! —va dir la Salze, saludant amb la mà—. Al gra: amb aquest llibre he après tot el que cal saber per caçar bestiasses. I per això no tinc gens ni mica de por. Qui ve amb mi?

Els grimwoodians van callar tots com morts.

El Ted va sospirar.

—D'acooord —va dir—. Vinc amb tu.

La Nancy li va retorçar una orella.

—Ah, no, de cap manera —va dir—. Si et penses que et deixaré passejar-te pel bosc amb aquesta conilla tocada del bolet, vas bé cirerer.

I llavors el Frank va baixar en picat i va pescar la Salze per la pelleringa del coll.

—Ei, tu! —va cridar ella, clavant cops de puny a l'aire—. Deixa'm anar! Que me'n vaig a caçar monstres! Aaaaah!

L'òliba la va llançar dins la caravana del Titus i va tancar la porta de cop.

—Aix —va protestar l'Íngrid—. Per què feu tots tanta COMÈDIA? Sigui qui sigui, aquest que ronda pel bosc, només hem d'esperar fins que marxi. Amb el meu últim marit vaig fer justament això. El vaig ignorar, i se'n va tornar somicant cap a Hollywood.

—L'Íngrid té raó —va dir el Titus—. Siguem discrets i esperem que se'n vagi. El més important és conservar la CALMA.

Tot d'una el cel es va enfosquir. Els esquirols i els ratolins van fugir corrents a refugiar-se.

—És la Pamela! —esgüellaven—. Correu, que us hi va la vida!

La Pamela va aterrar al sostre de la caravana del Titus. Portava el bec tapat amb unes barres de seguretat.

—GRIAAAAC! Tranqui, tranqui tothom, coi! —va dir.

—Per tu és fàcil de dir —va cridar la Gínger Fiasco des de darrere d'una amanita—. Que et vas menjar un amic nostre el dia que es casava.

—Sí, però ara no tinc pas gana —va replicar l'àguila—. En tot cas, se m'ha acudit una idea pel MONSTRE.

—Segurament és massa gros per cruspir-te'l, companya —va dir el Frank, joguinejant amb les urpes.

—Tinc càmeres de visió nocturna —va continuar dient la Pamela—. Les instal·laré per Grimwood per poder veure aquesta suposada bèstia.

—Ooooh! —va dir tothom, perquè era una idea força assenyada i això era una cosa que a Grimwood no era gaire habitual.

—Molt bona idea, Pamela —va dir el Titus—. I vosaltres, grimwoodians, recordeu-vos de no rondar pel bosc un cop s'hagi post el sol. Fins que no sapiguem més coses sobre el... visitant, res de res.

CAPÍTOL 8
Horripilacions

La Salze estava enrabiadíssima. Era al llit del Ted amb una manta damunt del cap.

—Au, va, Salze —va dir el Ted—. No estiguis trista. Encara podem ser caçadors de monstres! Només passa que... no tenim permís per sortir a caçar-ne cap.

—HUM —va dir la Salze, i es va treure la manta d'una revolada—. Aquest bosc està ple de figaflors i cagacalces. Com tu!

—Només vull que no se'm mengin —va dir el Ted, espolsant-se-la de sobre—. Tan greu és?

La Salze s'havia endut el llibre del professor Riambau. Era ple de dibuixos, dades fonamentals i xafarderies sobre tota mena de bestioles estranyes. Mireu:

El banyiconill

El banyiconill té aspecte de conill gegant amb unes banyes de cérvol enganxades al cap. No s'ha d'espantar mai un banyiconill mentre fa una sopa de lletres, perquè els posa de molt mal humor.

La piulah Hamna

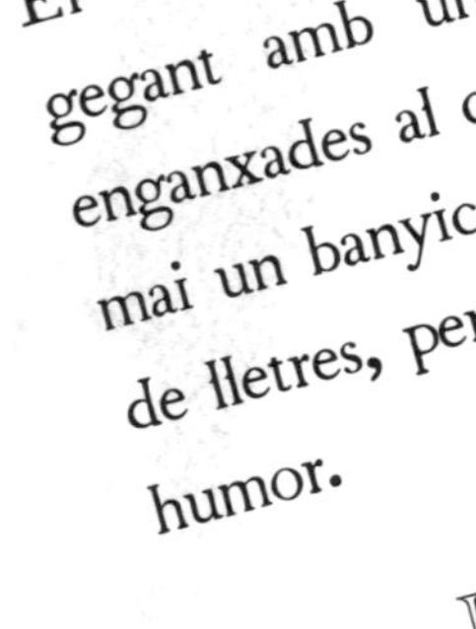

A una piulah Hamna, l'única manera que us hi podeu acostar sense perill és arrossegant-vos de panxa, tot aguantant una safata d'entrepans de truita de carbassó amb el cap. La piulah té els narius excepcionalment sensibles a les pessigolles. No se us acudeixi, repetim, NO se us acudeixi pas parlar en neerlandès a prop de cap espècimen de piulah Hamna.

La patata parlant

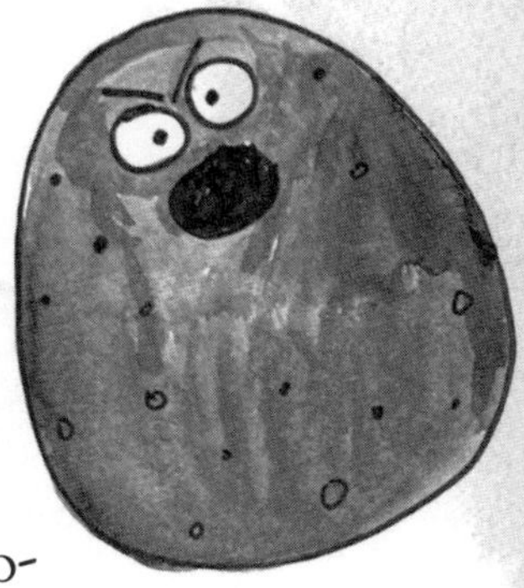

A primer cop d'ull, la patata parlant sembla la típica trumfa simpàtica de tota la vida. Sembla la mena de patata que et menjaries cuita al caliu amb un rajolinet d'oli i un pessic de sal. Però si la que tens al plat se't posés a parlar, aleshores sabries que t'enfrontes a una patata parlant, que és una cosa del tot diferent. Sobretot perquè té cara i et pot escridassar.

L'Emília Grau

L'Emília Grau és un unicorn que fa aroma de flors i menja pastissos d'arc de Sant Martí. És el monstre més bufó del moooooón. De fet, estic a punt de demanar-li que em concedeixi la peülla per casar-m'hi.

—Aquest llibre és fantàstic! —va dir el Ted.

—Me'l llegiré pam a pam, a pam a pam a pam, i em convertiré en una EXPERTA en monstres —va enunciar la Salze.

Li va anar a petar als morros un mitjó brut.

—Voleu callar d'una vegada? —va gemegar la Nancy—. Que provo de dormir.

—Perdona, Nancieta —va dir el Ted, fluixet.

La guineu es va tombar de cara a la paret. Va tancar els ulls. I llavors va tornar a sentir la veu que li parlava en somnis. «Tingues cura del cadell, petitona valenta meva.»

La Nancy va obrir els ulls de cop. De qui era aquella veu i què hi feia dins el seu cap? Va respirar fondo i va tornar a tancar els ulls.

Aquella vegada va sentir un xipolleig... i un grallar distant d'ocells. Gavines? No n'estava segura. Va tornar a obrir els ulls, i els sorolls es van aturar.

Què li passava? Es va girar cap al Ted i la Salze, que llegien tranquil·lament la *Guia* del professor Riambau sota el llençol amb una llanterna.

Va remenar el coixí i va tornar a tancar els ulls. Aquesta vegada va sentir música. Venia d'una flauta o d'un instrument semblant... que anava repetint la mateixa cançó una vegada i una altra. Com podia ser que sonés trista i alegre alhora, aquella cançó? Quan va obrir els ulls, encara la sentia. Però sabia que només sonava dins el seu cap.

—Nancieta —va sentir que deia la veu dolça del Ted. Mentre ella tenia els ulls tancats, el germà se li havia acostat sigil·losament.— Què tens? Que t'han tornat a venir aquells malsons?

La Nancy va fer que sí amb el cap.

—Ara també em venen sense estar adormida del tot. És com un so que es va repetint, i com més me l'escolto, més real el trobo. És estrany.

El Ted li va ensenyar, exaltat, el llapis i la llibreta.

—Explica-me'l, de pressa —va dir.

—Ara, el que em ve més fort és una cançó —va dir la Nancy.

—Taral·leja-la! —va dir el Ted.

La música no era ben bé el seu fort. Però la Nancy va agafar aire i va provar de taral·lejar la cançó.

—HA, HA, HA, HA, HA! —va fer la Salze—. Que cantes?

—No! —va deixar anar l'altra, amb la sensació d'estar fent el tanoca—. Tu calla, conilla.

—No ens ajudes gaire, Salze! —va dir el Ted.

La Nancy es va ajeure i es va tapar el cap amb el coixí.

—Deixem-ho córrer —va grunyir—. No tinc ganes de parlar-ne més.

A mi em va passar això de somiar el mateix una vegada i una altra. O si més no, m'ho **sembla**. Potser només resulta que em vaig quedar atrapat dins una rentadora.

Era negra nit.

Grimwood estava en silenci.

—Marona, el monstre que ronda pel bosc se'ns cruspirà? —va preguntar la conilleta Toveta.

—Si ens quedem aquí a la llodriguera, no, croqueteta meva —va respondre la marona de la Toveta.

A diferència de la Toveta i de la marona de la Toveta, la Pamela no estava gens amoïnada. Tenia els binocles de visió nocturna a punt i xerrava per un telèfon mòbil trencat.

—AQUÍ L'AGENT PAMELA QUE ES PRESENTA AL SERVEI! —va grallar—. He estat observant les càmeres que tinc amagades durant sis hores —va dir entre dents—. De moment, no he vist cap monstre horripilant. —Va observar atentament el terreny, buscant activitat d'alguna mena.—Cap cuquet recargoladet... cap ocellic petitó... ni tan sols cap formigueta amb sabatetes de formigueta a cada poteta —va dir, decebuda.

L'àguila va sospirar. Llavors, tot d'una va veure una ombra que es bellugava en una de les seves múltiples pantalles.

—Detecció d'objecte! —va escatainar—. A la càmera cinc!

Sí, es veia ben clar, alguna cosa feia trontollar la càmera. La Pamela va remenar uns quants botons i palanques per fer la imatge més nítida. Estava a punt de veure el MONSTRE de carn i ossos??

Hi havia una ombra negra que vagava pel sotabosc. Semblava que tenia el cap punxegut. Un bec punxegut, també. I que portava un mirlitó.

—PUEEEET! QUÈ, COM VA? SURTO A LA TELE? UEPA, UEPA!

—Falsa alarma —va deixar anar la Pamela amb un sospir—. Només és la Sharon, la meva col·lega ocella.

L'àguila va desar els binocles de visió nocturna. Va trencar l'alba. («Ui!», va dir l'Alba.) Al cap de poc, la Pamela hauria de comunicar aquells resultats tan decebedors al Titus. Abans, però, per esmorzar es cruspiria un entrepà de ratolí i es prendria una infusió de marialluïsa. («Eh!», va dir la Maria Lluïsa.)

CAPÍTOL 9
Trampes

L'endemà, l'Íngrid i el Comte de Prunyonosa nedaven fent voltes pel Petit Estany.

—No sé si ho podré suportar gaire més temps, això de viure com un PRESIDIARI! —es va lamentar el Comte.

L'Íngrid li va clavar un mastegot al bec.

—Què t'empatolles tu, ara? —va clacar—. Però si dormim quinze hores al dia, pel cap baix. Ja pot ser tan gros i ferotge com vulgui, aquest monstre, que a mi no hi ha ningú que m'alteri la rutina.

El Comte va assentir.

—Tens tota la raó, reina meva. Quin greu que em sap. És tan insuportable, tot aquest espectacle!

—A tu l'espectacle t'agrada tant com a mi —va exclamar l'Íngrid, escurant-se la gola sorollosament i empetitint els ulls.

Els altres ànecs del Petit Estany s'havien agrupat al costat d'una mata de joncs una mica estranya. Tothom clacava i assenyalava la mata fent molt xivarri.

—Parlant d'espectacles —va dir l'Íngrid—. Es pot saber de què va tot aquest enrenou?

L'ànega i el Comte van lliscar cap on eren els altres.

—Mireu! —va clacar un ànec que es deia Kenzo—. Petjades del monstre! Deu haver vingut al Petit Estany en plena nit!

El Comte de Prunyonosa es va desmaiar.

—Val més que l'hi vagi a explicar al Titus —va fer l'Íngrid amb un sospir—. És la mena de xafarranxo que tothom trobarà la mar d'emocionant.

I se'n va anar, balancejant-se i arrossegant el Comte per una pota, cap a cal Titus.

Al Titus, tot aquell terrabastall del monstre l'havia distret tant, que feia massa dies que no es posava a escriure el seu llibre *Memòries d'un cérvol*. Estava assegut amb una tetera i un plat ple d'*éclairs* de xocolata al costat. Es va empassar un dolç sencer sense mastegar i es va quedar mirant fixament el full que tenia damunt la taula. Feia gairebé quatre anys que l'escrivia, aquell llibre. De moment, n'havia enllestit cinc pàgines.

—Això d'escriure és molt difiiiiícil —va gemegar, mentre rosegava la punta del llapis i s'aguantava el cap amb les peülles. Llavors, tot d'una, li va venir la inspiració. Tot seguit es va posar a gargotejar.

Sempre m'ha entusiasmat la rebosteria. M'agraden les pastes de tota mena, però la meva preferida és la lionesa.

—Uf! —va fer, i es va arrepapar a la cadira.

Va decidir que es mereixia una clapadeta a tall de recompensa. Però just abans de trencar el son, un clacar furibund li va estroncar els plans.

—Amunt, oh, cérvol caduc! Se suposa que ets l'alcalde de Grimwood, tu, és o no és?

—Ep, hola, Íngrid —va dir el Titus—. Hola, Comte. He estat escrivint la meva novel·la.

—Entesos —va dir l'Íngrid, amb un aire força indiferent—. M'és ben bé igual. He vingut a dir-te que al costat del meu estany hi ha MOLTES petjades del monstre. Clarament, la nit passada, aquesta bèstia va mirar de menjar-se'ns, a mi i als meus compatricis. És un fet que em desplau.

El Titus es va posar dret d'un bot.

—No! Ostres, Íngrid, que content que estic de veure't sana i estàlvia. Quina bestiota més empipadora, carai!

El Frank, que estava ficat, dissimuladament, dins el forat d'un roure, va preguntar educadament:

—Potser que vagi a demanar a la Pamela si ha vist res a les càmeres, què me'n dius, mestre?

—Oi tant, molt bona idea, Frank —va dir el Titus—. Si més no, sabrem a qui ens enfrontem.

L'òliba va baixar en picat i es va servir un cafè.

—Sense una mica de cafeïna, no em veig amb cor de tractar amb aquell tros d'àguila —va dir, pescant un *éclair* de xocolata.

I com per art de màgia, l'àguila Pamela va baixar en picat de la Torre Màgica.

—COOOOOOOOOOOMANEM! —va udolar, i tot seguit va continuar en vol rasant fins a quedar cara a cara amb el plat d'*éclairs* de xocolata. Se'ls va menjar tots (amb plat inclòs).

—Has vist res, aquesta nit, Pamela? —li va preguntar el Titus.

—Massa cruixent —va dir ella—. No, no he vist cap bestiota amenaçadora rondant pel bosc. L'únic que he vist és la Sharon ballant un *breakdance* nocturn. No sé pas per què ho fa això.

Just llavors, la Salze i el Ted van aparèixer, esbufegant, de tant que havien corregut.

—Hem sentit dir que hi ha *éclairs* de xocolata! —va exclamar la Salze, sense alè.

—Ai, jove Salze, malauradament no en queda ni un —va dir el Titus—. Però espereu-vos un moment!

Va entrar com un esperitat a la caravana i es va sentir xivarri de plats i olles.

—Hem vist més petjades —va clacar l'Íngrid—. Mirem si són al teu llibre?

La Salze va assentir amb molt d'entusiasme.

—Jo i el Ted l'hem llegit fil per randa i ens

sembla que hem identificat el monstre! —va dir la conilleta.

Va llançar el llibre damunt la taula i el va obrir per una pàgina que tenia una vora doblegada.

I vosaltres, sou de **doblegar**
o bé dels que feu servir un punt
de llibre? Jo soc una cotxinilla
més aviat puntdellibrista.
Hi fico una antena, i tot resolt.

GEGANT PEUGRÒS

Fig. 2: Petjada
Aprox. 1 m

—Sí! —va clacar l'Íngrid—. Les petjades eren així. A Grimwood hi ha un gegant peugròs, doncs. És evident que morirem tots. Pamela, ves a explicar-ho a tothom.

La Pamela se'n va tornar volant a la Torre Màgica.

—Ostres, Íngrid! Per què ho dius, això? —va exclamar el Ted—. Que la gent quedarà escagarrinada!

La ràdio va espetegar una mica i es va sentir:

—ATENCIÓ! ATENCIÓ! —era la Pamela

—Que ràpida —va observar la Salze.

—EL MONSTRE HA SIGUT IDENTIFICAT. GRIMWOOD PATEIX L'ATAC D'UN GEGANT PEUGRÒS. MORIREM TOTS. I, ARA, UN CLÀSSIC DE LA MÚSICA DISCO: AMB TOTS VOSALTRES, DIANA ROSS. APA SIAAAU!

El Titus va sortir de la caravana amb una safata de galetes amb xips de xocolata acabades de fer.

—Vet-ho aquí, més teca bona per a tothom!

Va aixecar la vista de les galetes. Tenia gairebé tot Grimwood davant la porta de casa.

—Ui, mare meva, sí que sou colla! —va mormolar—. No ens hi amoïnéssim pas, faré més galetes.

—Perdona, Titus —va dir el talpó Mervin—. És veritat això que morirem tots?

—Jo també ho vull saber —va cridar la Sandra, una granota—. M'estava a punt de comprar una llanxa motora. Però si ens n'hem d'anar tots a l'altre barri, ho deixo córrer.

La Nancy va fer cara d'estar-ne fins al capdamunt i es va alçar per parlar.

—Aquí no es morirà ningú, entesos? —va etzibar—. Calmeu-vos tots. Al bosc hi ha algú que s'ha autoconvidat, i prou. Pensem com ens el podríem treure de sobre. Algú té cap idea?

La ràdio es va tornar a engegar amb un espetec, i els esgarips de la Pamela van tornar a ressonar pels altaveus.

—CONSTRUIRÉ UNA TANCA ELÈCTRICA COLOSSAL I DESPRÉS EN MOSSEGARÉ EL CABLE ELÈCTRIC I AIXÍ TOT FARÀ CRAC! CRAC! CRRRAC! I EM CAURAN TOTES LES PLOMES! I, així, destruiré el gegant peugròs.

—A banda de la Pamela, algú més té cap idea? —va demanar el Titus, que va apagar ràpidament la ràdio i la va llançar dins d'una bardissa.

Darrere del grup de grimwoodians es va sentir un motor que accelerava. Eren els germans del Wiggy: el Monty, el Jeremy, el Jeremy i el Jeremy. Havien arreglat el jeep i brandaven uns pantalons vermells i una pala de jardiner per la finestra.

—No tingueu por, xavals! —va cridar el Monty, que era el més gran—. Aquest pobre peugròs ja ha begut oli. TOTS els germans hem sigut capitans de l'equip de rugbi (bé, tots menys tu, Wiggy) i d'esclafar gegants, ens n'hem fet un bon fart, ho, ho!

—Apa, Monty! —va exclamar el Wiggy—. Gegants peugròs de debò?

—Bé, no, de debò, no —va dir el Monty—. Però tenim un jeep, tenim una pala i no tenim POR DE RES.

Després de parlar el Monty, els altres teixons van grunyir:

—No tenim POR DE RES!

El Ted va donar un cop de colze al Wiggy.

—Segur que sou parents, Wiggy? —li va preguntar—. Com que tu ets tan llest i ells són tan… tan…

El Wiggy va mirar el Ted. No és que li fes una il·lusió boja afegir-se a la cacera amb els seus germans, però els volia fer costat, encara que fossin una colla de caps de trons rematats.

—Ja ho sé, ja, Ted —va dir el teixó—. Però et diré una cosa, el Monty és valent com ell sol.

—Deixem que ho provin, no? —va dir la Nancy al Frank, arronsant-se d'espatlles—. Tenen el jeep. I també són tirant a grossots.

El Frank va assentir.

—Tens raó —va dir—. Titus, jo voto pels teixons. Què et sembla si proven de caçar el gegant peugròs aquesta nit mateix? D'aquí no gaires dies, tenim un partit d'arbrexocs i no voldria que un coi de monstre fètid ens l'espatllés.

El Titus es va entaforar tres galetes de cop dins la bocassa i es va posar a mastegar pensarós.

—Estimats teixons —va dir—, si us sembla que sereu capaços d’atrapar el gegant peugròs, els grimwoodians us fem costat.

—Visca, visca! —va dir tothom.

—Puc venir amb vosaltres? —va dir la Salze.

—No —va respondre tothom.

—Càtxum —va rondinar la conilleta.

CAPÍTOL 10

Caceres

El Ted, la Nancy i la Salze s'encaminaven, amb pas decidit, a la biblioteca de Brillastanya. El Crusty McTavish els havia convidat a acampar-hi, mentre els teixons no capturessin el misteriós gegant peugròs.

—El Wiggy no és tan batallador com el Monty i els Jeremys —va dir el Ted. Per la veu que feia s'endevinava que estava amoïnat.— Em sembla que no hi vol pas anar, a caçar gegants.

—No, no ho vol —va dir la Nancy—. Però hi va per lleialtat. És un paio ferm, el Wiggy.

Allò d'anar a la biblioteca de Brillastanya a entrada de fosc va ser molt emocionant. La sala principal estava il·luminada amb la claror daurada de tot d'espelmes que titil·laven. La Salze va pujar botant una escala de caragol que portava al terrat, per afegir-se als seus 543 germans, que es preparaven per escoltar el conte d'abans d'anar a dormir.

El Ted va donar un cop d'ull al seu voltant. La biblioteca estava plena a vessar... però no hi havia pas tots els habitants de Grimwood, allà.

—On són els esquirols? —es va preguntar en veu alta—. I la Sharon ? I la Pamela? I el Felipe, el borinot empipador?

—Hi ha animals que, senzillament, són indomables —va dir l'Íngrid, que s'havia escarxofat en una butaca de cuir—. Tu creus que aquella àguila tocada de l'ala baixarà mai de la seva Torre Màgica? No, senyor.

Mentrestant, el Comte de Prunyonosa, mig esclafat al costat de l'Íngrid, llegia un llibre titulat *La claca farandulera! Una història dels ànecs del món de l'espectacle*.

El Ted i la Nancy van trobar un puf per passar-hi la nit.

—Ja sé que tu volies anar a ajudar els teixons, germaneta —va dir el Ted.

La Nancy va grunyir i va afegir:

—Potser sí.

—Però estic content que no ho hagis fet. —El Ted va somriure i li va prémer una mica la pota.— T'han vingut més records estranys d'aquells? —li va preguntar, amb delicadesa.

—Sí, me'n van venint, sempre els mateixos —va

dir la Nancy—. I cada vegada són més nítids i més forts. Però la cançó de la punyeta, no.

—Aquella que algú tocava o xiulava? —va preguntar el Ted.

—Sí —va grunyir la Nancy—. Em farà parar boja. Tant de bo en pogués recordar el final.

El Crusty McTavish es va acostar a les guineus rodant.

—Ah, tenia ganes de veure-us, a vosaltres dos —va dir. Es va entaforar dins el patí que feia servir per anar pel món i en va treure un paperet plegat.— Això d'arrencar pàgines dels llibres no es fa —va xiuxiuejar—, però m'ha semblat que en aquest cas estava justificat. Us porto un registre de totes les guineus que han viscut per aquesta zona els últims cinc anys.

—Oooh! —va exclamar el Ted.

El Crusty va donar el paperet a la Nancy.

—No sé si us pot ser útil —va dir—. Però m'ha semblat que voldríeu saber qui ha viscut al vostre cau. Saber qui pot haver deixat les empremtes que em vau dir.

La Nancy va assentir i li va arrabassar el paperet. Tenia l'esperança que el Ted no s'adonés que li tremolava la pota.

—Merci, Crusty —va dir.

Les dues guineus van mirar la llista.

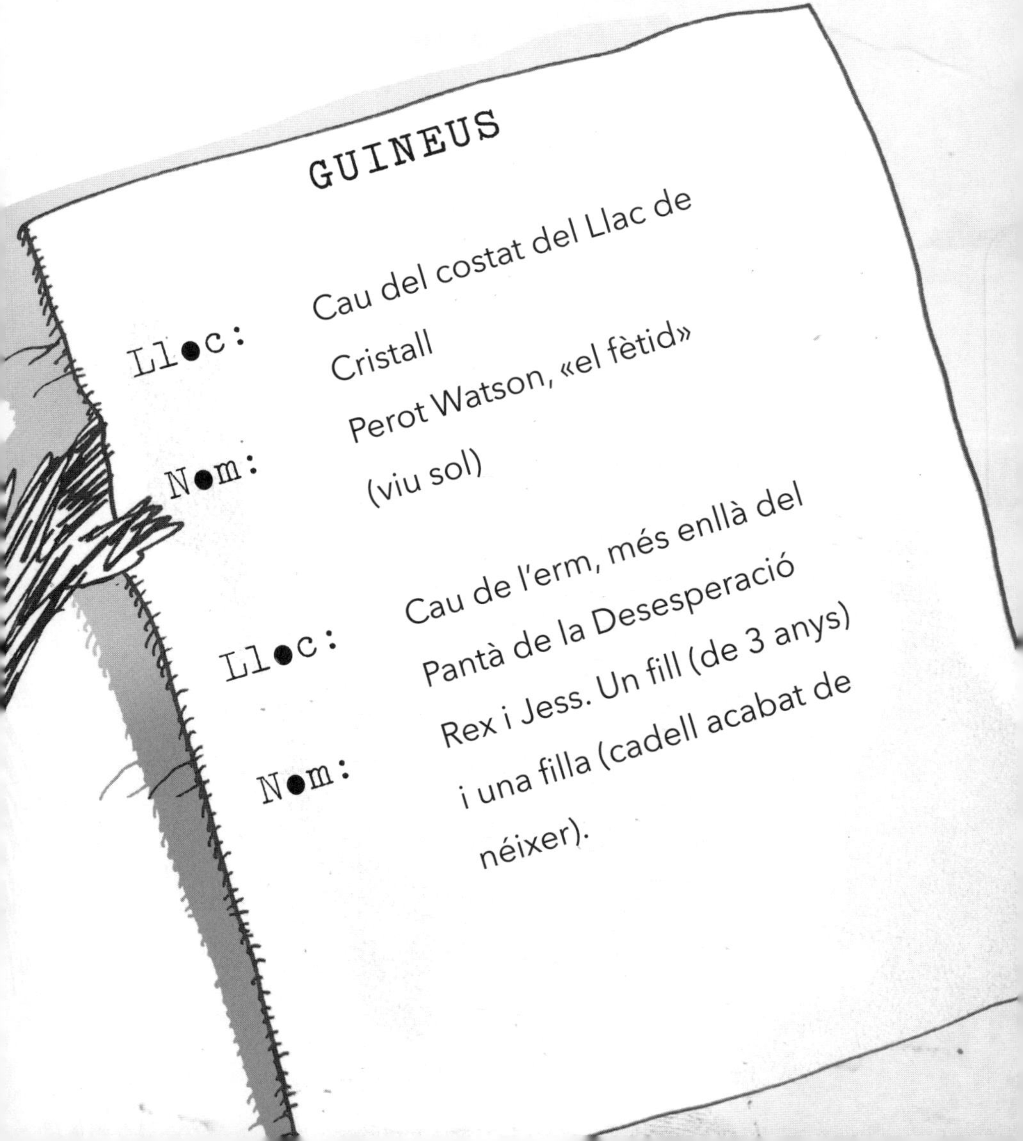

—Mmm —va dir el Ted, al cap d'una estona—. És el nostre cau, això és clar. Però aquestes dues guineus no poden ser el papa i la mama, oi que no?

La Nancy va fer que no amb el cap, decebuda.

—Naaa, i ara, Ted! —va dir—. Això que el fill sigui més gran que la filla no lliga. Mira, tu, què hi fotrem.

I es va deixar caure al puf i s'hi va enfonsar.

El Ted se li va ajeure al costat.

—Nancieta —va dir al cap d'una estona—. No passa res, eh?... Em sembla que has de deixar de patir tant pel papa i la mama.

La Nancy no va dir res, però el Ted va notar que la respiració se li anava calmant.

—Jo sé que ens estimaven —va dir el Ted—. Ho sé perquè tu m'estimes molt. I això t'ho devien haver ensenyat ells. Em sento molt afortunat d'haver-los tingut de pares, encara que fos per poquet temps. I mira tothom d'aquí! Ara tenim una família enorme.

La Nancy no va dir res. Però va embolcallar el Ted amb la cua i el va estrènyer molt fort.

UEEEEEEE!

Passeu-me els mocadors, gent, que això meu és un festival de mocs.

Mentrestant, a Grimwood els teixons feien una última reunió abans de sortir a caçar el gegant peugròs. Com a alcalde noble i valent que era, el Titus s'havia negat a marxar del bosc; i per tant, el Frank també s'hi havia quedat.

—Voleu dir que no us heu d'endur unes quantes galetes farcides més? —va preguntar el Titus, molt neguitós.

—Ens n'has fet agafar de sobres, nano, de debò —va dir el Monty, que encara portava posades les ulleres de sol integrals, tot i que era de nit.

—Comprova que et funcioni el *walkie-talkie* —va dir el Frank.

Un Jeremy va prémer el botó vermell d'un

aparellet negre. L'aparellet va espetegar i brunzir. Llavors es va sentir una veu.

—GRIAAAAC! Aquí, l'agent especial Pamela, em rebeu? Canvi i fora.

—Mmm —va fer el Jeremy—. Sí, la mar de bé.

—GRIAAAAC! A tu et toca dir *fort i clar*, tros d'ase! Canvi i fora.

—Però si ets una àguila sencera i no un tros d'ase —va ploriquejar el Jeremy.

El Frank va fer cara de resignació.

—Estigueu en contacte amb la Pamela i prou, d'acord? Ella us vigilarà des de la Torre Màgica. Tan bon punt hàgiu caçat el gegant peugròs, li truqueu, us ha quedat clar?

—Fort i clar! —van dir els teixons.

—Ep, que no ens deixem el *tros d'ase*? —va dir el Jeremy més petit i, segurament, el més babau.

El Wiggy no deia res.

—Estàs bé, company? —li va preguntar el Frank, en veu baixa perquè els altres teixons no ho sentissin—. Segur que no vols que us segueixi?

El Wiggy va fer que no amb el cap.

—No cal, Frank. Vull que els meus germans vegin que soc tan valent com ells.

El Frank es va mirar el Wiggy amb els seus ullarros d'òliba i li va dir:

—Ets més valent que tots quatre germans junts.

Mentre el jeep, roncant, penetrava dins el bosc tenebrós i espès, el Titus va fer un rot monumental.

—Perdona, Frank —va dir el cérvol—. Ja saps que els nervis em juguen males passades. Ai, espero que cacin el gegant peugròs, tu. Quines ganes que tinc que tot torni a la normalitat.

—Jo també —va dir el Frank—. Si no l'atrapen, haurem de jugar el partit d'arbrexocs a Brillastanya. I jugar a casa els donaria avantatge.

—Sort del desastre aquell de Brillastanya, eh? —va fer el Titus, sorneguer—. Que al llibre anterior el bosc els quedés tan destrossat és magnífic, si no, m'amoïnaria moltíssim que els grimwoodians no volguessin tornar a casa.

—De quin llibre parles? —va preguntar el Frank.

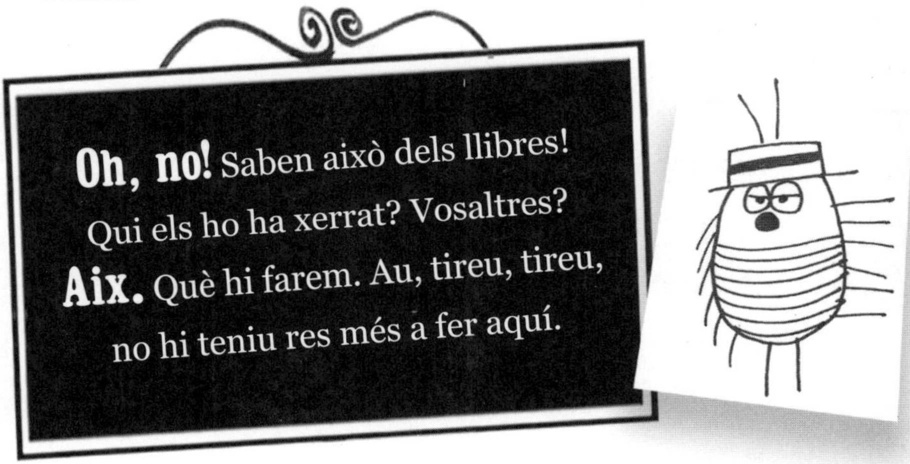

Els teixons feia hores que rondaven pel bosc.

—S'ha acabat la teca —va dir el Wiggy, mirant dins una motxilla amb cara de pena.

Llavors va redreçar les orelles. Va sentir un «pa-trip-patrap» que venia de lluny.

Era la mena de soroll de passes que faria un gegant peugròs.

—Monty! —va exclamar entre dents—. Atura el jeep, nano.

El Monty va frenar.

—Apaga el motor —va xiuxiuejar el Wiggy—. Sento un soroll... i què és aquesta pudor infecta? Jeremy, has sigut tu?

—Que no, que no, germanot! —van dir tots tres Jeremys.

—Muts i a la gàbia, vosaltres! —els va renyar entre dents el Monty.

Els teixons es van quedar asseguts en silenci.

Patrip-patrap, patrip-patrap...

—Au, nois —va dir el Monty—. És hora d'acostar-nos-hi a peu. Passa al davant, Wiggins.

—Emmm... mm... d'acord —va dir el Wiggy tremolant.

Va aferrar fort la raqueta de tenis. A l'altra pota hi portava una llanterna. Tots quatre es van dirigir sigil·losament, bosc endins, cap al patrip-patrap.

A mesura que s'hi anaven acostant, el Wiggy sentia cada vegada més clarament una mena de cruixit. Què devia ser? Era el gegant peugròs que s'esmolava les urpes?

Aviat van trobar-se darrere d'una mata de cards. Els patrip-patraps venien de l'altra banda.

—Mmmm... Val més que hi vagis tu primer —va dir el Monty, tremolant de por—. No voldria pas acaparar tota la glòria per a mi sol, ha, ha!

El Wiggy va alçar la raqueta de tenis. Va tancar els ulls i es va imaginar encarant-se al terrorífic gegant peugròs.

I, en un gest molt i molt valent, es va posar dret sobre les potes del darrere i, brandant la raqueta davant seu, va cridar:

—Uahaaaaaa!

Un cop va constatar que no se l'havia menjat ningú, el Wiggy va obrir els ulls.

I va veure esquirols.

Amb auriculars.

Ballant.

—Què rexufla?...

Els altres teixons, quan van veure que ningú no havia atacat el Wiggy, també es van posar drets.

—Em fa l'efecte que s'han muntat una disco silenciosa —va dir el Wiggy.

I, naturalment, allà teníeu la Sharon Festaire amb ulleres fosques i uns auriculars al cap, bellugant les ales enlaire. El patrip-patrap el feien els esquirols, saltant tots alhora, seguint el ritme de la música.

—PUEEEET! —va cridar la Sharon, quan va veure el Wiggy—. Vine a divertir-te amb nosaltres! La meva festa no hi ha gegant peugròs que l'aturi!

I la Sharon es va abocar un bol de gelatina pel cap, així, per fer broma i prou.

—No, gràcies, Sharon —va contestar el Wiggy, assenyadament.

Però el Monty,

el Jeremy, el Jeremy i el Jeremy el van apartar d'una empenta.

Quan el Wiggy es va acostar a la festa, arrossegant els peus, ja ballava tothom.

—PUEEET! —va xiular la Sharon, llançant crispetes i piruletes damunt de tota la colla discotequera.

«Si balla tot quisqui», va pensar el Wiggy, «ja no ve d'aquí, tu». Es va posar uns auriculars i va començar a fer lliscar les potes d'una manera tota estranyota.

La Sharon va punxar una altra cançó. Devia ser una de les preferides dels ambients esquirolians, perquè als rosegadors en qüestió els va agafar una atac d'eufòria.

—ARBREXOOOOOOOOOC!

—va cridar un de la colla.

I aquell crit, gent, va desencadenar una mena d'efecte dòmino escabellat. Seguint la música, els esquirols es van posar a arbrexocar, transformats en tot de taquetes fosques que sortien esperitades rebotant a tort i a dret. El Wiggy va riure. Ja no recordava com era de divertit ballar! Que es prenia les coses massa seriosament, potser? Potser sí que ja anava bé que es divertissin en lloc de..., què se suposava que haurien d'estar fent?

I llavors el Wiggy va tornar a sentir aquella pudor estranya. Va mirar el terra i, efectivament, hi havia una petjada gegant.

—Ehem, nanos —va balbucejar el Wiggy, assenyalant la petjada.

Però ningú no el sentia.

Tot d'una algú va bramar tan fort que va superar el volum de la música que els arribava pels auriculars.

—El monstre! —havia cridat el Martin, un esquirol que duia unes vambes de llumetes molt xules—. És allà! Als arbres! CORREU QUE US HI VA LA VIDA!!!!

I llavors es va desmaiar.

El Wiggy va mirar allà on havia assenyalat el Martin i, efectivament, entre els arbres, hi havia una ombra que s'obria camí matusserament.

—Aquesta és la nostra! —va exclamar el Wiggy—. La xarxa, agafeu la xarxa, nois!

El Jeremy, el Jeremy i el Jeremy van remenar dins la motxilla i en van treure una xarxa de porteria de futbol tronada que havien trobat al costat de la caravana del Titus.

El Wiggy va dirigir l'atac, brandant la raqueta de tenis ben amunt. Els esquirols encara arbrexocaven per tot arreu, cosa que els dificultava la visió. La Sharon bufava el mirlitó.

—**PUEET!** La festa del monstre, sí senyora, sí senyoooooora! —va xiular.

El Wiggy s'hi havia apropat prou per veure la silueta del gegant peugròs. La figura que avançava fent tentines entre les bardisses era més alta que ell i tenia el cap d'una forma triangular estranya. El Wiggy va agafar aire i... li va ESTAVELLAR la raqueta al cap. L'ombra va deixar anar un gemec i va caure rodona a terra.

—Apa, nois! —va cridar el teixó—. Llanceu-li la xarxa al damunt! De pressa!

Els teixons ho van fer i al capdamunt de la xarxa hi van fer un nus perquè el gegant peugròs no es pogués escapar.

El Wiggy va prémer el botó del *walkie-talkie*.

—Pamela! Pamela, em reps? Soc el Wiggy!

L'aparell va espetegar i brunzir.

—GRIAAAC! EM REPS? AQUÍ, L'AGENT PAMELA. QUÈ PASSA? CANVI I FORA.

—Ja el tenim! Ens hem plantat al davant d'aquest mala bèstia i l'hem atrapat! —va dir el Wiggy—. Ja el tenim! Hem caçat el gegant peugròs!

Ai, quina alegria, **VISCA, VISCA I VISCA**, eh, canalleta? Quina eficàcia! I ara ja devem poder tornar tots cap a casa, oi que sí? **Ah... oh**, doncs sembla que no. Em diuen que si passeu pàgina, la «història» continua. Ves per on, mira què tal.

CAPÍTOL 11
Xiulets

Els teixons es van afanyar a carregar aquell farcell bellugadís al darrere del jeep i van marxar cap a cal Titus a tota castanya.

—Gegant peugròs a domicili! —va bramar el Monty, quan el jeep va haver frenat de cop.

El Titus botava amunt i avall, esgarrifadíssim.

—A veure, a veure! Ai que em fa massa cosa mirar! —va dir embarbussant-se.

La Pamela planava damunt d'ells, preparada per atacar si el peugròs provocava cap daltabaix.

—Au, nanos, descarregueu-lo! —va cridar el

Monty, i els teixons van deixar a terra aquell paquet enxarxat, que no parava de retorçar-se. Així que la bèstia es va començar a alliberar, es van fer enrere d'un salt.

Tot d'una, de la xarxa, en va sortir disparada una cua d'esquirol.

El Frank va fer cara de fastiguejat.

—Ai, senyor —va sospirar l'òliba.

Es va acostar d'una volada al farcell i el va sacsejar amb les urpes.

En van sortir cinc esquirols més molt atordits i bruts. N'hi havia un que portava un con de trànsit encastat al cap.

—Ai —va dir el Monty.

—Ai, mareta —va dir el Titus.

—Què paaaassa? No em noto la caaara —va dir el Gerald, l'esquirol que portava el con de trànsit al cap i que va acabar topant contra un arbre.

—El con ens ha despistat, crec —va dir el Wiggy.

El Frank va pinçar un cuc que hi havia a terra i el va assaborir, pensatiu.

—Tanoques —va dir—. Estic envoltat de tanoques.

—Doncs jo soc cirurgià col·legiat —va dir el cuc, però després es va morir.

L'endemà, la Salze i el Ted eren al terrat de la biblioteca de Brillastanya llançant avions de paper.

—Alça aquí, mi-te'l com vola! —va cridar la Salze, mentre contemplava com l'avió que acabava de llançar feia una pirueta i s'encastava de ple dins un nariu del Titus.

—Ei! Ha arribat el Titus —va dir el Ted—. Anem a veure si han caçat el gegant peugròs.

La Salze i el Ted van baixar lliscant per la barana i van aterrar als peus de l'alcalde.

El Crusty McTavish s'estava menjant un dònut de melmelada. El Titus n'havia dut un cistell ple.

—No l'han caçat, oi que no? —va preguntar la Salze, mirant-se'l de reüll—. Per això has portat els dònuts. Són «dònuts de mala notícia», oi que sí?

El Titus va esclatar a plorar i va assentir.

—La bèstia ENCARA CAMPA! Ens ha ROBAT EL BOSC!

I es va posar a marranejar tan fort que tothom es va aturar a contemplar meravellat les llàgrimes, les baves i els mocs que li sortien disparats de la carota peluda i trista.

—Tranquil, Titus, tranquil —va dir el Crusty—. Us podeu quedar tant de temps com vulgueu.

—Ets molt amable —va respondre el Titus,

xuclant-se els mocs—. Però no ens podem quedar per sempre.

A mesura que es va escampar la notícia que el gegant peugròs encara corria per Grimwood, la biblioteca es va omplir de murmuris.

—Això és fantàstic! —va xiuxiuejar la Salze al Ted.

—Per què? —va preguntar la guineueta.

—Perquè vol dir que el monstre encara CORRE PEL BOSC. El podem caçar! —I la Salze va fer veure que clavava una coça de kung-fu.

—I què farem amb el partit d'arbrexocs d'aquest vespre? —va preguntar el Frank.

—L'anul·lem? —va preguntar el Crusty.

El Titus es va fregar els narius enormes que gastava.

—Què me'n dius, Frank?

—No —va dir l'òliba, batent les ales—. N'estic fart d'haver de canviar el dia del partit per culpa d'un suposat monstre que gairebé no ha vist ningú. Voto a favor de jugar el partit. Podem tenir gent encarregada d'estar a l'aguait.

El Crusty va assentir i va dir:

—Hi estic d'acord. Ves a saber si el foraster, amb tot el terrabastall del partit... no s'acaba espantant i fuig.

El Titus es va posar dret i va fer que sí brandant tot el banyam.

—Tens tota la raó —va dir—. No deixarem que un mamarratxo gegantàs ens faci fora de casa!

I el Titus va agafar un megàfon que —ves quina casualitat més útil— hi havia per allà; res, coses que passen.

—ATENCIÓ, AMICS! Com segurament ja sabeu, aquesta nit els nobles i valents teixons s'han enfrontat a un suposat gegant peugròs. Tot i que, en realitat, han acabat caçant mig equip d'arbrexocs de Grimwood, que s'havien muntat una disco silenciosa.

—QUINA MARXA, QUINA MARXA! —va bramar la Gínger Fiasco, alçant el puny.

—En tot cas, NINGÚ no ens farà fora de casa! —va continuar dient el Titus—. Amb monstre o sense, L'AMISTÓS D'ARBREXOCS ENTRE

GRIMWOOD I BRILLASTANYA D'AQUEST VESPRE... SE CELEBRARÀ IGUALMENT!

—Sí!

—Visca!

—Càtxum l'olla.

El Frank, l'últim a dir-hi la seva, es va acostar a una pila d'esquirols amb cara de cansats. Era l'equip d'arbrexocs de Grimwood.

—Ho heu sentit, això, equip? —va cridar el Frank.

Els esquirols van gemegar i es van prémer els caparrons escabellats amb les potetes.

—No em sembla pas una manera gaire intel·ligent d'entrenar-se, això de passar-se la nit ballant en una disco silenciosa —va continuar dient—. Què, Gerald, hem aconseguit desencaixar el cap del con de trànsit, eh?

El Gerald va assentir i es va fregar el cap adolorit. La majoria d'esquirols havien passat la nit en blanc i ara dormien amb els ulls oberts.

—I ara, tothom a polir-se una ampolla sencera de suc vigorós de Banya-boja. Au, tothom a mamar! —els va deixar anar el Frank, mentre arrossegava una caixa plena d'ampolles verdes cap a la pila d'esquirols—. On és la Nancy?

—Ha sortit —va dir el Martin—. Ha dit que necessitava que li toqués una mica l'aire.

—Això, dius que t'ha dit? —va preguntar el Frank.

L'òliba va mirar amunt i va veure el doctor Kahn, assegut en una butaca, que llegia un llibre d'aspecte molt seriós.

—Perdona que et molesti, doctor —li va dir.

—Ep, Frank —va dir el colom, i va abaixar el llibre, de manera que li sobresortia el bec per dalt—. En què et puc ajudar?

El Frank va assenyalar la porta amb el cap.

—En l'afer de la nostra amiga guineu. No acaba d'estar bé, encara. Em sembla que és per culpa d'aquells malsons que té. És la meva jugadora estrella i aquesta nit necessito que estigui al cent per cent. Què et sembla? Hi pots fer res?

El doctor Kahn va deixar el llibre.

—Mmm —va fer—. He llegit més sobre aquesta mena de fenòmens. Sabies que hi ha moltes coses que ens poden fer desenterrar els records mig oblidats? Llocs, olors, cançons...

—La Nancy fa uns quants dies que prova de xiular una cançó que no li surt —va dir el Frank.

El doctor Kahn es va aixecar d'un bot de la butaca i va anar a buscar, a pas de colom, el seu maletí.

—Tinc una cosa que em sembla que podria fer-nos servei —va parrupejar—. Deixeu-ho a les meves ales.

La Nancy estava asseguda a la riba del Llac de Cristall, el reflex del sol en feia brillar les aigües. De tant en tant, un esquirol amb un mallot lluent li passava volant per sobre. Era l'equip d'arbrexocs de Brillastanya, que s'entrenava abans del partit. La Nancy va desentumir les cames i els braços. Sabia que hi havia problemes més importants —com ara el monstre gegantí que tenia Grimwood aterrit—, però es moria de ganes de jugar el partit d'arbrexocs. Allò de rebotar per les capçades dels arbres amb esperit competitiu era just el que necessitava.

La nit anterior havia tornat a tenir un somni estrany. Havia sentit tocar amb un instrument de vent la mateixa cançó d'altres cops; aquella que era una mica alegre i una mica trista. Va intentar xiular-la, però com que de xiular no en sabia, va escampar unes quantes escopinades i prou.

—Hola, guineu. Em sembla recordar que t'agrada el cafè —va dir el doctor Kahn, i n'hi va posar una tassa a les mans delicadament.

—Ep, gràcies, doctor —va dir ella, i es va empassar el cafè d'un glop ben de gust.

—Jo soc més de te —va dir el doctor—. Que provaves de xiular?

La Nancy va assentir, amb un somriure tímid.

—Msí. Però no en sé. Intentava treure sencera una cançó que sento en somnis... En recordo el començament i la part del mig, però el final, no.

El doctor Kahn va fer que sí amb el cap i va obrir el maletí. En va treure una flauteta de fusta.

—Has tocat mai un instrument d'aquests? —va preguntar com qui no vol la cosa—. És molt fàcil.

Li va passar la flauta.

La Nancy la va provar un parell de vegades.

—Naa —va dir—. Em sento mig ximple, amb això.

El doctor Kahn amb una ganyota li va fer entendre que s'hi havia d'esforçar més.

Així, doncs, la Nancy es va acostar la flauta als llavis i la va bufar.

El metge li va ensenyar a tapar els forats amb

les potes per fer sonar notes diferents. La Nancy va veure que el colom tenia raó, era prou fàcil d'aprendre a tocar-la.

—Queda-te-la —li va dir l'altre—. Ves practicant i aviat podràs tocar la cançó que et ronda. Adeu, guineu.

La Nancy es va acomiadar i va començar a practicar de tocar l'instrument nou. La música no havia sigut mai el seu fort, al Ted li sortia molt millor. Però a poc a poc va anar traient les notes de la cançó. Gairebé totes, vaja. Només que fos capaç de recordar aquelles del final...

—HA, HA, HA, HA, HA! Què fas tu amb això? —va bramar la Salze, que botava cap a la Nancy.

La guineu es va afanyar a treure's la flauta de la boca.

—Res —va contestar, i va clavar un cop de colze a la conilleta.

—No han atrapat el gegant peugròs, Nancieta —va dir el Ted.

—Ah —va dir ella—. No em sorprèn gens. Com està el Titus?

—Plora —va contestar la Salze—. En fi, que el Frank vol que tornis a Grimwood per entrenar-te abans del partit d'aquest vespre.

—D'acord —va grunyir la Nancy—. Vinc d'aquí un moment.

—Estàs bé, germaneta? —va preguntar el Ted.

—Sí, molt —va dir ella—. Només necessito estar una estona sola. No trigaré gaire, d'acord?

El Ted li va fer una abraçada i va arrencar a córrer per atrapar la Salze.

—Ei, Ted! —li va cridar ella.

—Digues.

—Per què porta una pala, la Salze?

La conilleta la va sentir i va fer mitja volta d'un salt.

—Perquè la jardineria m'entusiasma! —va vociferar.

La Nancy va fer mala cara.

—Càtxum, la conilla —va remugar.

Però tot seguit va tornar a concentrar-se en la flauta, per intentar tocar el final de la cançó que no acabava de recordar.

CAPÍTOL 12
Arbrexocaments

Era el vespre del partit d'arbrexocs. La Nancy i els altres arbrexocadors estaven escalfant. Els esquirols s'estiraven les cues els uns als altres, feien com si correguessin però sense moure's de lloc i anaven exclamant ben fort coses com ara «ÚPALA!».

Els teixons s'havien organitzat per fer la ronda de la clariana d'arbrexocs durant el partit. El Monty estava emocionadíssim amb aquella altra tasca que se'ls havia encarregat i havia obligat tots els germans a portar una armi-

lla de color groc fluorescent amb la paraula «SEGURETAT» escrita a l'esquena.

—Aquesta vegada no se'ns escaparà pas, aquell podrit, nens —va dir el teixó, que estava repenjat a la porta del jeep, fent giravoltar una llanterna que aguantava per una corretja.

L'equip de Brillastanya se'l veia més neguitós que altres vegades.

—Tot bé, mestressa? —va preguntar la Nancy a la Reena, la capitana de l'equip.

La Reena va riure.

—Mmm, msí. Un pelet nerviosos, només —va dir—. N'hi ha uns quants que estan amoïnats per si se'ls menja la vostra col·lega, l'àguila. I d'altres a qui els amoïna el monstre gegant.

—I tu, que estàs amoïnada? —va preguntar la Nancy.

—Naa —va contestar la Reena, traient-hi ferro—. A mi només em preocupa guanyar el partit.

El Titus va picar dues closques de coco.

—Que comenci... el partit d'ARBREXOCS!

Ja sabeu què és això dels **ARBREXOCS**, oi? Aquell antic esport forestal que consisteix en tot d'esquirols (i la Nancy) que es llancen d'un arbre a l'altre, xocant entre ells i procurant no caure a terra. Au, va, no m'ho feu tornar a explicar. **Només que –ui, ves per on– resulta que ho acabo de fer.** Visca!

El Ted i la Salze en portaven alguna de cap.

—De conya —va dir la conilleta, empastifant de fang el morro del Ted—. Quina pinta més ferma que fas.

El Ted va fer mala cara.

—Vols dir? —va preguntar.

La Salze li va lligar al front una tira de roba, que havia tret d'una samarreta d'una germana seva que havia estripat.

—Tens el material? —li va preguntar.

El Ted va mirar dins la motxilla que duia.

—Sí, senyora —va contestar la guineueta—. Porto la llanterna, la llibreta, els *walkie-talkies*, un mirallet, llapis, una harmònica, un termos amb te i unes quantes galetes farcides.

—Molt bé. És IMPORTANTÍSSIM que tinguis presents les galetes farcides —va dir la Salze.

El Ted va mirar de somriure, però no tenia esma.

—No ho sé pas, Salze —va balbucejar—. No les tinc totes, amb aquest pla teu.

La Salze va endurir la mirada.

—No siguis fleuma, Ted —va grunyir—. Vas dir que vindries amb mi!

—Sí, sí —va dir el Ted—. És només que... no vull que el gegant peugròs em peli.

La Salze es va escurar la gola i es va pintar una mica més la cara.

—No sabem si pelen mai ningú, els gegants peugròs —va dir—. Potser aquest és simpàtic!

—Aquelles rodes que una mica més i es carreguen la Nancy no em van semblar gaire simpàtiques! —va dir el Ted, ajustant-se la motxilla a l'esquena.

La Salze s'havia fabricat una bandolera per portar la pala que havia «manllevat» del jeep del Wiggy.

Van escapolir-se del cau de guineus. Silenci. Llavors van sentir, de lluny, un

ARBREXOOOOOOOOOC!

—Fantàstic —va dir la Salze—. El partit ja ha començat.

I va alçar la pota.

—A caçar monstres, SOM-HI TOTS! —va xisclar.

—Som-hi, som-hi —va balbucejar el Ted, xocant la pota de la Salze amb energia.

Molt assenyat, tot plegat, molt. Estic convençut que no fan gens el **paperina** i que no són uns **irresponsables**.

La Pamela estava molt ofesa.

La seva millor amiga, la Sharon Festaire, feia d'animadora i de dígei principal del partit d'arbre-xocs. Però a ella li havien dit que no hi podia assistir, per culpa de «l'incident del casament».

—Que susceptibles que són, tots plegats —es va lamentar l'àguila—. Als vells temps, em podia menjar qui em donés la gana i ningú no deia ni piu! Ara tot és que si era amic meu, que si era el seu dia de noces. Uf.

Per no encaparrar-s'hi més, es va tombar cap a les pantalles de les càmeres que tenia repartides pel bosc. Llavors va sacsejar una ampolla de gasosa i la va obrir perquè li espetegués a la cara. Era la seva manera preferida de gaudir amb calma d'un traguinyol. Estava tan ocupada ruixant-se amb gasosa, que no va veure la Salze i el Ted avançant bocaterrosa pel bosc, dissimuladament.

—Què, que veus res? —va preguntar el Ted.

—No —va respondre la Salze—. Continuem arrossegant-nos.

Anaven il·luminant el que tenien al davant amb les llanternes, amb l'esperança de trobar més petjades. Eren una mica més amunt del Petit Estany, cada vegada més bosc endins. Calia allunyar-se de la cridòria del partit d'arbrexocs, això ho tenien ben clar.

El Ted les va veure primer.

—Salze! —va cridar entre dents—. Mira!

Va enfocar la llanterna endavant i la Salze va veure sis petjades de monstre perfectes. Se li va tallar l'alè.

—El gegant peugròs és a prop! —va dir. Va alçar el seu nassarró adorable i el va remenar una estona.— Et juro que l'ensumo! —va xiuxiuejar la Salze, donant-se aires de gran entesa i posant-hi molta salsa.

Va començar a treure la pala de la bandolera.

El Ted va mirar amunt. Eren sota un roure altíssim i retorçat. La guineueta va tenir un calfred, perquè tot plegat feia una mica de cangueli.

La Salze va tirar la pala al Ted.

—Afanyat a cavar, va!

I, el Ted, dit i fet.

A mi, les pales de jardiner la veritat és que no m'entusiasmen. Per culpa d'una pala d'aquestes, el meu cosí Narcís va perdre sis braços. Ja us podeu imaginar que, aquell dia, la costellada va perdre **força pistonada**.

Mentrestant, el partit d'arbrexocs havia arribat a la mitja part. Anaven Brillastanya 6, Grimwood 625. El sistema de puntuació era molt enrevessat.

—Anem molt bé, equip. No us desconcentreu! —va dir el Frank, mentre repartia ampolles de suc vigorós de Banya-boja als arbrexocadors.

La Nancy es va beure la seva d'un glop i es va eixugar el morro amb una tovallola.

—No l'hauria de repartir la teva segona entrenadora, el suc? —va preguntar la guineu—. On és la Salze?

El Frank va fer mala cara.

La Nancy es va posar dreta i va escodrinyar la gent del públic. El Ted i la Salze no es perdien mai cap partit d'arbrexocs.

—On és el Ted? —va xiuxiuejar—. Frank, on són aquest parell?

—La Salze m'ha dit que tu els havies prohibit que vinguessin al partit —va dir l'òliba, que tot d'una va preocupar-se—. M'ha dit que els volies ben lluny del monstre... —I tan bon punt va haver repetit l'explicació, el Frank es va adonar que la Salze li havia colat una trola com una casa.

—Jo no els he dit pas res, Frank —va contestar la Nancy—. Recoi de conilla! Si ha ficat el Ted en cap embolic...

La guineu es va treure el casc, el va rebotre a terra i es va arrencar el braçal.

—Em sap greu, Frank. No puc jugar la segona part. Els vaig a buscar.

El Frank va sospirar, mentre veia com la seva capitana corria bosc endins.

—Et toca sortir a tu, Gínger —va dir, arrencant un esquirol de dins d'un paquet de Fofots de formatge de mida familiar.

El Ted s'havia enfilat a una branca baixa del roure. Va passar a la que li quedava just al damunt i va reptar fins a la punta. S'hi va quedar amb les potes pengim-penjam.

A sota, la Salze arrossegava bastons i branquillons amb els quals anava tapant un sot molt gros.

—No ho veig clar, això de fer d'esquer per al monstre —va dir el Ted, nerviós.

—No et passarà res! —va dir la Salze—. He llegit com funciona. És un sistema mega estupendíssim d'atrapar bèsties. El monstre intentarà caçar-te, però, abans d'atrapar-te, caurà dins el forat. És infal·lible!

La Salze es va espolsar els bocins de fang i d'escorça de les potes i la panxa.

—Tot a punt? —va cridar.

—A punt —va respondre el Ted, fent veu de pena.

La guineueta va remenar dins la motxilla i en va treure l'harmònica i les galetes farcides. Va llançar el paquet de galetes a la Salze.

—Fantàstic —va dir ella.

Se'n va cruspir una, per si un cas, i les altres les va escampar damunt la trampa.

—Les galetes farcides no fallen —va dir la Salze—. Un cop el gegant peugròs les hagi ensumat, es fumerà de cap al parany que li hem parat.

—Salze —va intervenir el Ted—. Recorda'm un detallet, per què he de ser jo el que s'està dalt de la branca?

—Perquè ets més gros —va respondre ella—. És claríssim que el gegant s'estimarà més menjar-se't a tu que no pas a mi, que soc un pobre secall escarransit.

—Ja ho entenc —va dir el Ted, amb la cara llarga.

—I també perquè jo soc més ninja atrapamonstres que tu —va continuar la Salze—. Quan la bestiota hagi caigut al forat, el taparé amb branques i merdetes perquè no s'escapi. I llavors TU contactaràs amb la Pamela i li explicaràs a tothom que l'hem caçat!

—D'acord —va dir el Ted, amb la veu una mica tremolosa.

—I ens convertirem en herois i ens portaran a tot arreu en una limusina daurada gegant i ens entrevistaran a la tele i serem FAMOSOS...

Es va sentir un cruixit i un trepig molt a prop.

El Ted va gemegar.

A la Salze se li va tallar l'alè i es va amagar darrere una bardissa.

—Ara, Ted! —va xiuxiuejar.

El Ted es va acostar l'harmònica a la boca. Les potes li tremolaven. Va començar a tocar molt i molt fluixet.

—Més fort! —va exclamar la Salze entre dents—. Volem que et TROBI aquest monstre, sí o no?

El Ted no
n'estava del tot
convençut,
però fent
el cor fort
va bufar
l'harmònica
amb més empenta.

Els cruixits i els trepitjos es van sentir més a prop.

Llavors es van bellugar unes branques.

Una ombra.

No hi havia cap dubte: tenien el gegant peugròs ALLÀ.

desmai

CAPÍTOL 13

Monstres

Quan el monstre se li va acostar fent tentines, el Ted va començar a cridar. La figura fosca va saltar ben enlaire i es va aferrar a la branca on hi havia la guineueta. Però la trampa, no la va tocar gens ni mica.

—Noooooo! —va cridar el Ted, arrossegant-se branca enllà cap al tronc.

La Salze va sortir de darrere la bardissa brandant un bastonet.

—Deixa anar la branca, peugròs fastigós! —va bramar—. Deixa-la anar!

Però el monstre hi continuava ben aferrat. La va sacsejar i la branca es va començar a doblegar.

—Salze! —va cridar el Ted—. La branca es trencarà! Caurem tots dos dins el parany!

—Ui —va dir la Salze, que es va aturar a gratar-se el nas—. No hi havia pensat, en això.

—AAAAAAH! —va cridar el Ted, mentre la branca començava a esqueixar-se. La guineueta va caure enrere... anava de pet cap a la trampa...

Però a l'últim moment, el monstre el va engrapar per una pota.

—Com? —va fer el Ted.

La guineueta va mirar prou estona cap al monstre per distingir l'espurneig d'un parell d'ulls que li tornaven la mirada enmig de la penombra.

Es va sentir un GRUNY.

I no era del monstre.

—Deixa estar el MEU germà! —va rugir la Nancy, llançant-se sobre la bèstia amb la potència d'una campiona d'arbrexocs.

Va topar amb el Ted i el gegant peugròs i els va fer caure a terra, lluny de la trampa.

La Salze va engrapar el Ted i el va tibar cap a ella. La Nancy va quedar sota el gegant, que es regirava i gemegava.

—Empeny-lo cap dins —va bramar la Salze a la Nancy, assenyalant la trampa.

La Nancy va fer xerricar les dents i es va incorporar, clavant una empenta al peugròs que el va fer rodolar cap als branquillons que tapaven el foradot.

—AAAAAAAAAAH! —va exclamar el monstre.

Els branquillons es van trencar i ell va anar a parar al fons del tot del forat d'una bona **PATACADA**.

La Nancy, la Salze i el Ted estaven estirats a terra, panteixant.

—Ha funcionat! —va deixar anar la Salze, entre esbufecs, amb els ulls brillants—. El meu parany ha funcionat! AI!

La Nancy l'havia enxampat per les orelles i es va posar a sacsejar-la com si fos una maraca.

—Es pot saber què hi tens al cap, diantre de conilla? —va bordar la guineu.

—Jo també hi he participat, Nancieta! —va gemegar el Ted, encara estès a terra.

—A-a-a-a-au, M-m-m-m-irem q-q-q-q-quina c-c-c-c-cara f-f-f-fa e-e-e-el m-m-m-monstre—va dir la Salze.

A poc a poc, tots tres es van acostar a la vora del forat.

Van veure que sota la fullaraca i els branquillons hi havia un embalum boterut.

I llavors va aparèixer un cap.

—Hola! —va dir el cap—. Com va tot?

—El gegant peugròs PARLA! —va exclamar la Salze—. Quina MEGA PASSADA.

—No soc cap gegant peugròs! —va dir l'embalum boterut, que tenia una veu aspra i rogallosa. Va allargar una mica més el coll.— Soc un guillot!

La Nancy i el Ted es van mirar. La Nancy va arrufar el front. El Ted va fer uns ulls com unes taronges. Va cuitar a buscar la llanterna i la va enfocar dins el forat.

El monstre es va posar dret molt i molt a poc a poc. A la llum de la llanterna, van veure clarament que el personatge en qüestió anava embolicat amb tot de mantes i parracs que el feien semblar enorme. Portava un barret pelut al cap. I, a l'esquena, una motxilla amb unes quantes olles i paelles penjant. També en sobresortia una canya de pescar i un cabdell de corda. I, sí, efectivament, enmig de tot plegat hi havia un guillot.

Un guillot molt enfangat i molt fètid.

—Es pot saber qui ets? —va bordar la Nancy, assenyalant-lo amb un branquilló, per si de cas.

El guillot va somriure.

—Tu deus ser la Nancy —va dir.

La Nancy va rugir, feta una fera.

—Com és que saps com em dic? —va gemegar.

Però el guillot va continuar somrient i va mirar el Ted.

—I tu deus ser… ets el Ted? —va preguntar.

I després es va posar a tossir. Tenia una tos seca i fatigada.

—ALÇA! —va dir el Ted. La guineueta es va posar a fer saltirons, s'havia oblidat de la por.— Sí! Sí que soc el Ted! Hola!

—I jo com em dic, eh?, GUILLOT TELÈPATA? —va cridar la Salze.

—Em sap greu, però no ho sé —va dir el guillot.

—Ha! Ja ho sabia, jo —va bufar la Salze, sense entendre ben bé el que deia. Però va trobar que sonava bé.

La Nancy va mirar al seu voltant i va veure una pedra grossa i cantelluda. Va llançar el branquilló, va agafar el pedrot i el va aixecar damunt del forat.

—Per última vegada —va grunyir—. Si no em respons et fumo el pedrot per barret. QUI ETS?

El guillot va fer cara d'espant i es va arrambar a la paret del sot.

—No cal arribar a aquests extrems, Nancy —va contestar—. Mira. Em sap greu, però és que em costa molt dir-vos això…

El guillot va sospirar profundament.

—Em dic Rufus. I… soc el vostre germà.

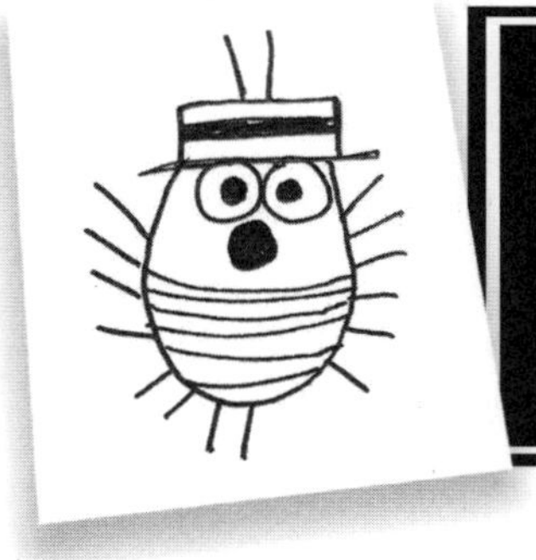

QUE QUÈ???!!!!!!

Ai, que ara m'he d'asseure. Esteu asseguts, vosaltres? Em sembla que hem de seure tots, aquí.

—Os-tres. Os-tres. Os-tres —va dir la Salze—. Quina ANADA D'OOOOOLLA!

La Nancy es va fregar la cara amb les potes.

—A veure, torna-hi —va dir.

—Soc el vostre germà Rufus —va dir la veu de dins del sot—. Fa anys i panys que us busco. Per això soc aquí.

El Ted va mirar la Nancy, després el Rufus, i llavors va tornar a mirar la Nancy, amb els ulls negats de llàgrimes.

—No m'ho puc creure! —va xiuxiuejar—. Tinc un germà!

—Sisplau… sisplau, em podeu treure del forat?

—va grallar el Rufus. I li va agafar un atac de tos molt fort.

—No —li va etzibar la Nancy—. Tu et quedes aquí.

El Ted va treure discretament el termos de la motxilla.

—Té —va dir, i l'hi va llançar dins el forat—. Per la veu que fas, diria que et convé beure una mica.

La Nancy el va fulminar amb la mirada.

—Però què fas? —li va engegar entre dents.

El Ted es va limitar a arronsar-se d'espatlles.

—Fa veu de no estar gaire fi, Nancieta… sigui qui sigui —va contestar.

Van sentir el Rufus que xumava i xarrupava del termos del Ted.

—Uf, moltíssimes gràcies —va dir amb la veu molt més clara—. Feia setmanes que no bevia res com cal. M'anava a abeurar a l'estany dels ànecs aquell que teniu, que està ple d'escuma.

La Salze va arrufar el nas i va dir:

—No et recomano que hi beguis, allà, company.

—Per què m'hauria de creure res del que dius? —va grunyir la Nancy—. Jo no tinc cap germà gran. No n'he tingut mai cap, de germà gran. No fas més que dir bestieses, ens fas agafar por i això no m'agrada gens.

El Rufus va furgar entre els trastos que portava.

—Un moment —va dir—. Que t'ho demostraré.

Va furgar una mica més, fent dringar els estris de llauna. Llavors el termos del Ted va sortir propulsat del forat i va anar a parar als peus de la Nancy.

—Obre'l —va dir el Rufus.

La Nancy va obrir el termos i el va capgirar.

En va sortir un paquet de postals lligades amb un cordill. Ella el va collir.

—Ep! —va dir el Ted—. Les he escrit jo, aquestes postals! Són les que he anat enviant a la Gran Ciutat per al papa i la mama!

A la Nancy, les potes li van començar a fer figa.

—Ja ho sé, ja —va dir el Rufus—. És gràcies a les postals que *vai* descobrir que éreu a Grimwood. He... he passat uns quants anyets fora, jo. Viatjant una miqueta, ja m'enteneu. Fins que, fa unes quantes setmanes, *vai* tornar al cau i m'hi *vai* trobar això.

—Els mapes! —va exclamar el Ted, tot d'una força content d'ell mateix—. Els he fet jo, els mapes.

La Nancy feia que no amb el cap.

—No m'ho empasso —va dir—. Per què no vas venir a explicar-nos tot això directament? Per què has fet tota aquesta comèdia de rondar pel bosc d'amagatotis fent veure que eres un monstre?

—Ho he provat, de parlar amb vosaltres! —va dir el Rufus—. Però no hi ha hagut manera de trobar el moment. Aneu tot el dia a mil per hora, aquí. Us ho volia explicar tot l'altra tarda, però llavors va venir el casament i l'àguila...

La Salze va riure per sota el nas i, girant els ulls en blanc, va dir nostàlgica:

—Ai, sí, quina bogeria, aquells temps.

—Llavors *vai* veure tot aquell munt de menjar —va dir el Rufus—. Tenia una fam de llop. Feia dies que no menjava res de res. I, mentre estàveu distrets, em sap greu, però... però...

—El vas robar —va dir la Nancy.

—Sí —va acabar admetent el Rufus—. Ho sento, però no *vai* tenir més remei. I quan us *vai* tornar a veure us volia saludar, però havia passat la nit dins una pila de neumàtics... i algú hi va calar foc! Em *vai* socarrimar la cua i tot. I encara no he aconseguit treure'm el sutge del pèl.

El Ted es mirava les postals que havia escrit feia temps. Estava menys nerviós que la seva germana.

—Tens els peus gaire grossos? —va preguntar el Ted.

—Ha! —va fer el Rufus—. Els tinc de la mida normal d'un guillot de la meva edat. Però em van perseguir uns gossos assilvestrats i, després, com que em feien un mal de mil dimonis...

—Uala! —va exclamar el Ted—. Gossos assilvestrats!

El Rufus va fer una rialleta cansada.

—Sí, no va ser pas gaire divertit, no. Em van perseguir tot un dia i tota una nit. *Vai* quedar amb les potes destrossades. Però llavors *vai* trobar una cosa que... un moment.

El Rufus va tornar a furgar per allà sota i van veure que s'ajupia per desenganxar-se alguna cosa d'una pota.

Els va llançar un objecte que semblava una raqueta de tenis peluda.

—Em sembla que són raquetes de neu velles —va dir—. Les *vai* trobar en un abocador, als afores de Grimwood. Costa una mica de caminar-hi, però m'han ajudat a curar-me les potes.

La Salze es va acostar d'un salt a la raqueta i la va arreplegar.

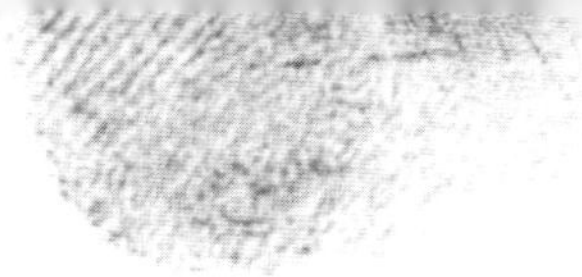

La va prémer contra el fang i hi va marcar petjades.

—Petjades de gegant peugròs —va murmurar—. Em deixes l'altra? Clavaré uns ensurts de categoria als meus germans.

La Nancy tot d'una va remenar el cap, com si s'acabés de recordar que la Salze existia.

—Conilla —li va dir—, ves a buscar els altres. Digue'ls... digue'ls que ens cal ajuda.

La Salze va saludar tocant-se el front amb la pota.

—A reveure, Rufus! —va cridar—. Perdona per això del parany... mola, però, eh?

Es va sentir una rialleta.

—I tant—va dir el Rufus amb un to amable—. M'has ben enxampat.

I la Salze va tornar-se'n botant bosc endins per esbombar a tothom la MEGA xafarderia secreta de germans.

—Nancy —va dir el Rufus—. Ja sé que estàs enfadada, però... puc sortir del forat, sisplau?

—No —va respondre la Nancy—. Fins que no ens donis explicacions, no.

El Ted se la va mirar amb els ulls plorosos.

—Ei, germaneta —va dir—. Donem-li una oportunitat, va.

—No, Ted —va respondre la Nancy—. No ens en podem fiar. És un guillot qualsevol que ha trobat les teves postals i ha vingut a fer-nos escagarrinar.

—Però per què s'hauria de molestar a fer tot això, un guillot qualsevol? —va preguntar el Ted—. No tenim pas res per donar-li. Nancieta, va sisplau, fes-ho per mi.

La Nancy va sospirar i va tancar els ulls un instant.

—D'acord —va dir secament.

—T'ajudarem a sortir, Rufus! —va cridar el Ted.

Llavors es va treure la bufanda i en va ficar una punta dins el forat.

—Però si ens toques un sol pèl, al Ted o a mi —va afegir la Nancy—, te'm cruspiré de viu en viu.

Mmm, teca,
nyam, nyam.
No deu ser pas bona hora per fer un pica-pica, ara mateix, oi?

CAPÍTOL 14
Records

El Ted havia fet una foguera petita i hi seien tots tres al voltant; el Ted i la Nancy en una banda, i el Rufus a l'altra. Un cop el Rufus es va haver tret totes les mantes i els parracs llardosos amb què anava embolicat, el Ted i la Nancy van poder comprovar que era un guillot normal i corrent. El Ted el va examinar a la llum de la foguera. Tenia les orelles espellifades, els bigotis torts i anava grenyut. Feia pudor de neumàtics vells, de pantà podrit i ves a saber de què més. Però els ulls cansats li brillaven i li refulgien.

La Nancy se'l va mirar amb desconfiança.

—Ja sé que faig pudor —va dir el Rufus, tímidament—. Fa dies que dormo al bosc. A més, tot just arribar al bosc, *vai* caure al pantà fastigós aquest que teniu i encara no m'he pogut treure el fang fètid de sobre. I, saps què?, que cada vegada en *fai* més, de pudor. *Vai* intentar banyar-me a l'estany petit d'allà baix, però la bandada d'ànecs escandalosos que hi viu me'n va fer fora. Són rabiüts, eh?

La Nancy es va quedar mirant el foc fixament una estona llarga.

—Au, digues —va grunyir—. Per què hauríem de creure'ns que ets germà nostre?

El Rufus es va escurar la gola i es va acostar una mica més a la foguera.

—Em sembla just que vulgueu saber la meva història —va dir el guillot—. Poseu-vos còmodes, que és un cas com un cabàs.

Teniu una manteta?

Em sembla que ara ens aniria molt bé a tots, una manteta.

Quan vam marxar de Grimwood, tu, Nancy, eres un cadellet. Sí, sí, la mama i el papa eren d'aquí! Quan *vai* veure les postals del Ted em va caure la bava. Havíeu trobat el camí per tornar a casa sense ni tan sols saber que casa vostra era Grimwood. Sou més eixerits que un pèsol.

En fi. Tu eres un cadellet. Però jo era força més gran i ja havia sortit a explorar el món tot sol.

En aquella època, hi havia molts més humans

rondant pel bosc a cavall. Es dedicaven a galopar per aquí, amb canilles de gossos furiosos, per caçar guineus. I en una d'aquestes caceres gairebé em van atrapar. Veieu aquesta orella?, veieu que me'n falta un tros? És culpa seva. En tot cas, aquest incident va espantar molt els papes. Els va fer l'efecte que Grimwood s'havia tornat massa perillós. Algú els va dir que hi havia moltes guineus que se'n sortien millor a la Gran Ciutat. Doncs bé, al papa no li acabava de fer gràcia. Però sabeu què? A la mama sempre li havia agradat viatjar. A mi em deu venir d'ella, suposo. Tenia ben bé el cuquet de viatjar, la mama. Era una d'aquelles persones a qui no agrada quedar-se gaire temps en un lloc.

Així, doncs, tots quatre —la mama, el papa, tu, Nancy, i jo— vam emprendre el camí cap a la ciutat. I poc després d'arribar-hi, Ted, vas néixer tu. Els papes estaven molt enfeinats cuidant-vos. Però a mi ja m'estava bé. M'encantava rondar per la Gran Ciutat. Gairebé sempre era fora de casa, anant amunt i avall. Potser per això no et recordes gaire de mi, Nancieta. Era jove i només tenia ganes de sortir amb els amics.

De fet, *vai* fer una colla. Ens dedicàvem a saquejar galledes d'escombraries i a esbatussar-nos. El meu millor amic, el Marco, tocava en un grup de música. Em va regalar un flabiol. De vegades ens passàvem tota la nit tocant. Els gats i els gossos del veïnat s'afegien als concerts udolant una mica. Era molt divertit.

En tot cas, un vespre, mentre rosegàvem ossos de pollastre, el Marco va i em diu: «Ei, Rufins. Vols que anem a córrer món?».

I jo *vai* i li contesto: «Què t'empatolles, tu ara?».

I ell: «Demà a primera hora hi ha un vaixell que salpa del moll. Estarà ple de músics, artistes, gent de circ i del món de la faràndula. Podríem anar a córrer món amb el grup de música!».

I, ostres, allò em va semblar una idea súper emocionant. La mama m'havia explicat històries de l'època que havia voltat pel món tocant en un grup. Sí, Ted, sí, la mama havia fet música per mig món! Però després va conèixer el papa i va canviar de vida.

Vai dir al Marco que m'ho rumiaria. I ell em va dir que havia de ser al moll a trenc d'alba. Així, doncs, *vai* tornar al cau. Allà, reposàveu tots quatre junts. Se us veia molt còmodes i calentons. Em *vai* asseure al costat vostre i us *vai* contemplar mentre dormíeu fins l'endemà a trenc d'alba. Després *vai* escriure un missatge als papes. Els *vai* dir que tornaria aviat, però que volia marxar a viure aventures.

De bon matí, jo que me'n *vai* al moll. Allà veig el Marco i els seus col·legues que van cap a un vaixell enorme de color carbassa. Me'n recordaré tota la vida, hi havia una gavina que ens mirava. Portava una gorra de capità i anava fent traguinyols d'una ampolla de gasosa d'un vermell llampant. «Ximples!», anava cridant. «Sou una colla de ximples!»

Doncs bé, els crits de la gavina em van posar una mica nerviós. Que potser feia una ximpleria? Que potser era massa jove per anar-me'n a l'aventura?

Llavors va passar un disbarat com una casa. La gavina de la gorra va baixar en picat, se'm va posar al cap i em va començar a picar les orelles tot dient «mmm, cera formatgera!».

Vai perdre els nervis. Sentia les rialles dels que em veien giravoltar amunt i avall per treure'm l'ocellot del damunt.

Al final, *vai* aconseguir espolsar-me'l. I sort en

vai tenir, perquè el vaixell ja feia roncar el motor i, a poc a poc, s'anava allunyant del moll. *Vai* saltar a coberta i ens vam fer a la mar. Uf! Quin pes que m'havia tret de sobre i quina emoció, emprendre el viatge.

Em *vai* posar a buscar el Marco i els seus col-legues, però no els trobava per enlloc. De fet, al cap d'una estona em *vai* adonar que, allà, no hi havia ningú. El vaixell estava deshabitat. Només hi havia piles i piles de caixes per tot arreu.

El cor em va fer un salt. Alguna cosa no anava a l'hora. Després d'ensumar una mica pel vaixell,

vai trobar una caixa plena de palla i molts plàtans. Com que, arribada aquella hora del dia, tenia gana i estava cansat, em *vai* esmunyir dins la caixa per fer un mos i una clapadeta.

Quan em *vai* despertar, tenia un pingüí davant del nas.

—Aaah —*vai* fer.

—Holi! —va dir el pingüí, saludant-me amb l'ala.

—Qui ets? —li *vai* preguntar.

El pingüí es va mirar una etiqueteta taronja que li penjava de l'ala.

—Soc el 354 —va respondre—. Ets molt més petit i pelut que els altres científics, si em permets que t'ho digui.

Resulta que m'havia equivocat de vaixell.

La gavina m'havia atabalat tant, que al moll havia avançat per una passarel·la que no era la que havien agafat els meus amics. I ara me n'estava anant a l'Antàrtida amb una colla de pingüins i de científics.

Pel que fa a la mama i el papa, he hagut de reconstruir el que els va passar a partir del que m'han anat explicant altres persones. Pel que sembla, quan van llegir el missatge que els havia deixat, els va saber molt greu que m'hagués sentit tan sol i avorrit. Van decidir parlar-ne amb mi abans que marxés. Així, doncs, us van ficar a tots dos dins una motxilla i se'n van anar corrents cap al moll.

Quan hi van arribar, jo ja era dins el vaixell que no tocava, però, esclar, ells no ho sabien, oi? El papa va veure la gavina de la gorra de capità i li va demanar si havia vist cap grup de guineus que s'hagués embarcat. La gavina, naturalment, va dir que sí.

—Ximples! —va grallar—. Quina colla de ximples que estan fets! —I va assenyalar l'enorme vaixell de color carbassa.

Els pares van córrer passarel·la avall i van entrar

al vaixell. El van regirar de dalt a baix. Vosaltres anàveu fent bots dins la motxilla a l'esquena del pare.

Però llavors... quin desastre! Es va sentir un MOOOC-MOOOC fortíssim. El vaixell es va començar a bellugar. El pare es va esparverar. Va sortir corrents i us va deixar a terra ferma, sans i estalvis, al peu de la passarel·la. Llavors va tornar a buscar la mama, que encara m'estava buscant a mi. Però, tot d'una, el vaixell va salpar i es va allunyar del moll. La mama es va tirar a l'aigua sense pensar-s'hi gens, i el papa li va anar de seguida al darrere.

(No teniu pas una miqueta d'aigua? Ah, gràcies.)

Els papes es van fer un fart de nedar per arribar allà on éreu. Això és el que em van explicar, i m'ho crec. Ara bé, resulta que les guineus no són gaire bones nedadores. I les onades els impedien avançar. Més endavant, la gavina em va dir que en aquell moment va creure que s'ofegarien de totes totes. Per sort, el Marco i els altres membres del grup els van veure i els van tirar un cap de corda just a temps. La mama i el papa es van agafar a la corda, no van tenir més remei. I els altres els van hissar dalt del vaixell. Diuen que el papa us va cridar alguna cosa, però no sé què va dir. I el vaixell es va fer a la mar.

—«Tingues cura del cadell, petitona, valenta meva» —va dir la Nancy, fluixet—. El papa va dir això.

Tot d'una, els sorolls d'aquell dia li van tornar tots. Les gavines, les onades xocant contra el buc del vaixell. Els crits del pare.

—Així... quan van pujar la mama i el papa al vaixell eren vius? —va preguntar la Nancy, que encara mirava fixament la foguera.

Mentre el Rufus parlava, el Ted s'havia anat arraulint al costat de sa germana, i tots dos tenien les cues entrellaçades.

El Rufus va assentir.

—Sí. Penseu que jo no hi era. Però una d'aquestes gates que sempre tenen als vaixells ho va veure tot i ho va fer córrer entre els seus col·legues. I ja sabeu com circulen, les xafarderies de gat.

—I tu? —va preguntar el Ted—. Quan ho vas descobrir tot això? Com és que ens hem conegut tan tard?

El Rufus es va treure una foto de la butxaca de l'armilla.

Hi *vai* acabar vivint dos anys, a l'Antàrtida. Als científics els va fer molta il·lusió que un guillot s'afegís a la colònia de pingüins. Diuen que n'hi ha un que ho va expli-

car en un llibre i tot. Em *vai* embarcar en el primer vaixell que va marxar, però va trigar molt. Tan bon punt *vai* arribar, me'n *vai* anar de pet cap al cau de la ciutat. Però vosaltres ja no hi éreu. Preguntant a tot de gent, *vai* saber què havia passat als papes. I després *vai* trobar les postals. I ara... ara soc aquí.

Tots tres van callar durant molta estona.

—Quina PASSADA —va dir el Ted—. T'has fet col·lega d'una bandada de pingüins, és increïble.

El Rufus va somriure.

—Són bastant fètids, però ens vam fer bons amics —va dir—. Per estrany que sembli, són boníssims jugant a ping-pong.

—Em sembla que te m'assembles una micona —va dir el Ted, mirant-se el Rufus de fit a fit.

El guillot va assenyalar amb un cop de cap la bufanda de ratlles blanques i negres de la guineueta.

—Aquesta bufanda —va dir— és de la mama. Te la devia posar abans de sortir del cau el dia que ens vam separar.

El Ted es va quedar glaçat i va fer uns ulls com

unes taronges. Llavors es va amorrar a la bufanda i va ensumar fort. Després va mirar el Rufus amb un somriure als llavis.

—Sempre m'ha encantat, l'olor d'aquesta bufanda —va dir—. Ara ja sé per què!

El Rufus va fer una mitja rialla, però mirava la Nancy. La guineu tenia la vista fixa a terra i no havia dit res.

—Tot bé, Nancy? —va dir, fluix.

Es va fer un silenci llarg.

Finalment, la Nancy va parlar amb una veu estranya, trencada, que es va acabar convertint en un plor.

—Tot just érem cadells —va dir—. Cadellets petits!

—Ja ho sé —va dir el Rufus.

—Ens vam separar per culpa teva —va dir la Nancy.

—Sí —va contestar el Rufus—. Va ser culpa meva. Tot. I em sap molt i molt greu, Nancy. Em sap greu, Ted. M'arribareu a perdonar mai?

El piscolabis preferit
dels rats!
Fofots
de
Formatge

CAPÍTOL 15

Perdons

Mireu, m'han dit que ara us presenti una «coseta divertida», perquè es veu que el capítol anterior era oficialment molt i MOLT EMOTIU. Però i els meus sentiments, què? Que no soc pas una màquina, jo! No soc pas una «cotxinilla ensinistrada».

Doncs, que sí. Que resulta que sí que ets una cotxinilla ensinistrada. És la teva... dallò... la teva feina. Mira, ho diu aquí, en aquest paperet.
Es pot saber qui rexufla ets tu?
Ui. Perdó. Només ho deia i prou.
Fora! En aquest llibre només hi ha lloc per a una cotxinilla, i aquesta soc jo. D'acord?
Molt rebé. Doncs au, adeu. I disculpa les molèsties.
De veritat, eh? Aquest llibre va de mal en pitjor.

La Salze era a la riba del Petit Estany eixugant-se les llàgrimes.

—Coi de germà gran. Qui li demanava tornar després de tant de temps, eh?, eh? —va remugar.

—QUAC! —va clacar l'Íngrid—. Què fas tan emmurriada, Salze? On és el Ted?

—Grrmpf —va fer la Salze, arrencant un manyoc d'herba que va llançar a l'aigua—. És amb el Rufus, un germà gran nou que té —va rebufar—. El Frank diu que li he de «donar temps» o no sé quina bajanada d'aquestes.

—Ah —va fer l'Íngrid—. Suposo que el Frank té raó. Aviat tornarà amb tu, ja ho veuràs.

La Salze va sospirar.

—Msí, a veure. És que el trobo a faltar.

—I sa germana ferotge, on para? —va preguntar l'Íngrid.

—La Nancy no en vol saber res, del Rufus —va dir la conilleta—. Fa dos dies que s'està asseguda amb el Titus i el Frank. És tot tan AVORRIT I TRIST.

L'Íngrid es va acostar balancejant-se a la Salze i se li va aclofar al costat.

—Escolta'm, jove conilla. Se m'ha acudit que muntaré una obra perquè la representeu la Companyia Teatral de Grimwood —va dir—. De vegades és com si ens haguéssim oblidat que s'hi fa teatre d'avantguarda, en aquest bosc.

A la Salze se li van disparar les orelles amunt.

—Ostres, Íngrid! —va exclamar—. Al Ted i a mi ens encantaria tornar a donar vida a la companyia!

—Necessito algú que m'ajudi a escriure l'obra —va dir l'Íngrid—. I conec la conilleta ideal.

—Qui és? —va preguntar la Salze.

—Tu, tros de palangana! —va clacar l'Íngrid, i li va aporrinar el cap amb delicadesa—. El Comte de Prunyonosa i jo discrepem en uns quants aspectes creatius. Quan el Ted estigui més tranquil, amb tota aquesta comèdia familiar en què està ficat, començarem els assajos. Què, tracte fet?

La Salze es va posar dreta d'un bot i va començar a fer saltirons.

—I tant, Íngrid! I tant que tantíssim!

I l'Íngrid va parpellejar a poc a poc, que era el gest que feia més semblant a un somriure.

El Ted es va llevar d'un salt i va començar a entaforar-se coses dins la motxilla: mantes, una tovallola neta, mitja pastilla de sabó.

—No deus pas voler tornar a visitar aquell... poca-pena, oi? —li va etzibar la Nancy.

—Sí que me n'hi vaig, Nancieta —va dir el Ted—. És germà nostre. Tu també hauries de venir.

La guineueta va sortir del cau a grans gambades. La Nancy el va seguir.

—Goita! —va exclamar el Frank—. Vet aquí les guineus que buscava.

Li va donar una tassa de cafè a la Nancy.

—Frank, quan m'acompanyaràs a veure el Rufus? —va dir el Ted—. Estic segur que et caurà bé!

El Frank va assentir i va mirar fixament la Nancy.

—Quan sigui l'hora, minyó —va dir—. De tota manera, ja l'he vist des de dalt dels arbres.

La Nancy no havia pogut evitar que el Ted i el Rufus quedessin. Però, per estar més tranquil·la, havia demanat al Frank que li vigilés la guineueta. El Frank va donar al Ted una barra de pa acabat de fer.

—És per a ton germà —li va dir, tímidament, procurant no creuar-se la mirada furibunda de la Nancy—. De part del Titus.

—Oh, que amable —va dir el Ted amb un somriure d'orella a orella—. S'ha d'engreixar una mica, el Rufins. Vols que li digui res de part teva, Nancieta?

I la Nancy va dir tot de coses massa grolleres per sortir aquí. Després va tocar el dos, brandant la cua amb ràbia.

Malgrat tot, el Ted no va deixar que li espatllés el bon humor. Va collir un ram de camamilla i se'n va anar fent saltirons cap al sot del monstre. El Rufus no s'havia volgut endinsar més a Grimwood i s'havia quedat per allà a la vora. S'havia fet una cabaneta lligant unes mantes a les branques del roure. Quan la guineueta va arribar se'l va trobar escalfant-se les potes al caliu del foc.

—Bon dia! —va refilar el Ted—. El Titus m'ha donat un pa per a tu. I t'he portat sabó!

—Ep, gràcies —va dir el Rufus. I va mirar enllà del camí dissimuladament.

—La Nancieta encara no es troba bé del tot —va dir el Ted—. Però segur que et vindrà a veure aviat. En fi; mira, t'he portat un munt de coses.

El Ted va ficar les flors en un pot de confitura, i el Rufus es va cruspir el pa en un tres i no res.

—Òndima —va exclamar la guineueta—. Sí que tens gana. Si vens amb mi, el Titus et cuinarà de tot i més. I coneixeràs el Wiggy, que és molt divertit, i la Salze...

El Rufus va riure i va dir:

—La teva millor amiga, ja ho sé, ja. M'agradaria molt, de debò. Però he de respectar el rotllo que es porta ta germana, saps què vull dir? El que us he deixat anar és difícil de pair.

El Ted es va asseure de cop al costat del Rufus i va treure la llibreta.

—He fet una llista de preguntes sobre la mama i el papa —va dir—. I tinc una altra llista de preguntes sobre tu, també. I, a més, també he escrit vint coses apassionants sobre mi, el Ted.

—Alça —va dir el Rufus—. Que vols fer un agermanament exprés?

—Sí, sí, just això —va dir el Ted—. Hem de recuperar el temps perdut. I A MÉS, també t'he portat un raspall. Mentre parles et pentinaré, d'acord?

—Ets fantàstic —va dir el Rufus.

—Ja ho sé —va dir el Ted amb un gran somriure.

A veure, vejam, què és això que vagin apareixent «personatges nous»? Quin mal hi ha a quedar-se amb els de sempre, amb els de tota la vida, eh? Com ara el vostre companyó, l'Èric Dinamita, per exemple. Vull dir que no la necessitem per a res, una altra cotxinilla.

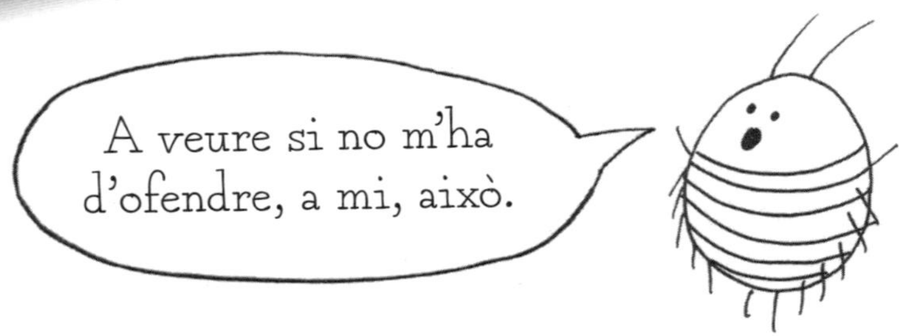

Al Titus el feia patir el tros de terra de davant la caravana. La Nancy s'hi havia estat passejant amunt i avall tanta estona que li havia arranat l'herba. Havia quedat reduït a un munt de pols marró.

—**PUEEET!** He vingut a animar una guineu pansidota! —va cridar la Sharon Festaire. Va posar un barret de festa al cap de la Nancy i li va bufar unes quantes bombolles de sabó a la cara.— Va, dona, que no es pot estar trista, fent el ball de la gallina, oi que no?

La Nancy es va arrencar el barret de festa i el va trepitjar.

—Entesos, doncs ja ballarem un altre dia, eh?

PUEEEEEEET!

I la Sharon va sortir del tros de terra del Titus, fent el ball de la gallina caminant enrere i en silenci.

L'alcalde va treure el morro de la caravana, esperançat.

—Bon intent, Titus —va dir la Nancy.

—Càtxum l'olla! —va fer ell—. Només et volia animar una mica. Què en farem, de tu, Nancy?

—Hum. Potser podria anar a veure aquest germà gran que té? —va esgaripar el Frank, que jeia mandrosament dalt la branca d'un faig.

La Nancy li va tirar una castanya al cap.

—Què ha sigut això? —va dir l'òliba, amb un aleteig—. Au va, noia, que comença a ser avorrit aquest estar de morros tot el dia.

—I per què l'hauria de perdonar? —va etzibar la Nancy—. El Ted i jo no li importem gens! Per què ha trigat tant a venir-nos a buscar?

El Frank va baixar d'una volada i es va posar a les banyes del Titus.

—És claríssim que sí que li importeu, si no, no s'hauria molestat a buscar-vos —va dir—. I les altres preguntes, oi que per saber-ne la resposta hauries de parlar amb el Rufus?

El Titus fer que sí amb el cap, molt convençut, cosa que va fer que el Frank caigués daltabaix. El cérvol els va oferir una safata de galetes de mantega amb xocolata. Amb tot d'engrunes de galeta que li rodolaven pel morro, va dir:

—Recordo la vegada que dos visitants inesperats es van fer un raconet tot seu a Grimwood. Ningú no sabia per on ens sortirien, però jo, ai, tenia tantíssimes ganes de conèixer-los...

La Nancy pagava amb la cara.

—Parles del Ted i de mi, oi? —va deixar anar secament—. No em vulguis fer sentir culpable.

—En realitat parlava de la Samina i el Jeff, dos cucs de terra absolutament encantadors. Però ara que ho dius, és veritat! A tu i al Ted també us vam acollir amb les potes obertes! Per què no li dones com a mínim una oportunitat, al Rufus?

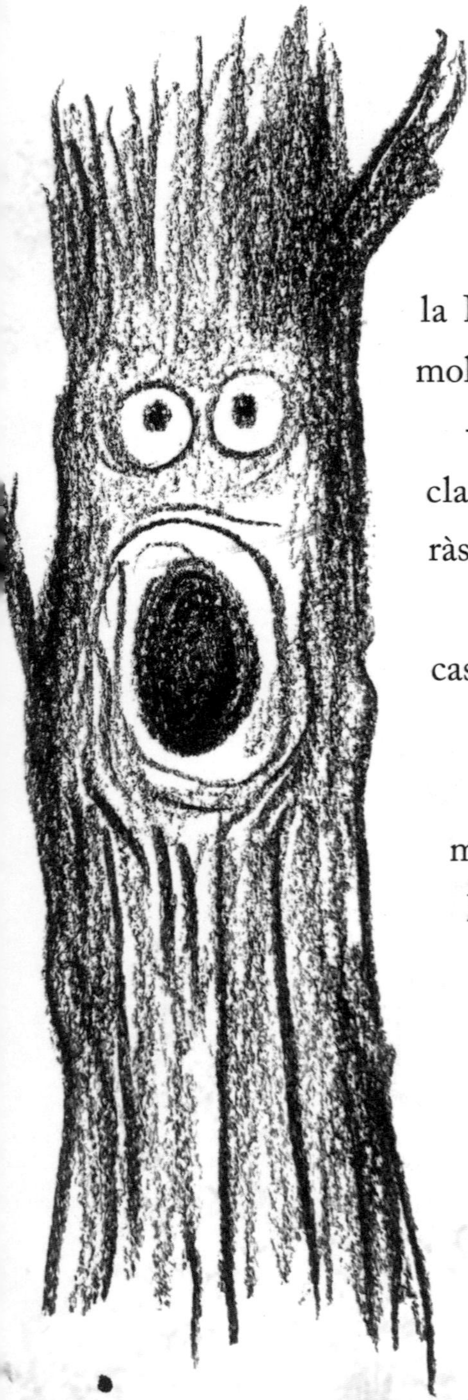

La Nancy va clavar un cop de puny a un arbre.

—Ai! —va dir l'arbre.

—Perdó —es va disculpar la Nancy—. Però és que estic molt enfadada amb ell.

—Doncs digues-li! —va exclamar el Frank—. Així deixaràs de fer-te mala sang.

La Nancy li va tirar una altra castanya i va dir:

—Entesos, òliba sàvia.

—Bé, és el que m'ha recomanat que digués el doctor Kahn —va dir el Frank—. Però a mi també em sembla una idea estupenda.

CAPÍTOL 16
Finals

S'acostava el vespre, i el Ted i el Rufus havien estat tot el dia xerrant. El Frank, una mica furtivament i a petició del Ted, havia anat a Brillastanya i els n'havia portat una galleda d'aigua neta i fresca del Llac de Cristall. El Rufus, després d'haver-hi xipollejat una estona amb una mica de sabó i d'haver-se deixat raspallar pel Ted, feia força patxoca.

—Aquest paio, el Titus, és un pastisser espectacular —va dir el guillot, menjant-se l'onzè bunyol de crema del dia—. L'has encertat de ple venint aquí, nen.

—Tant de bo la mama i el papa no n'haguessin marxat mai, la veritat —va dir el Ted, un pèl nostàlgic.

—Ai, pensa que van marxar perquè els va semblar que era el millor que podien fer —va dir el Rufus—. Aquells humans que es passejaven a cavall pel bosc, ja no ho fan?

El Ted va fer que no amb el cap.

—Naa. Ara només venen a llançar-hi brossa, com els neumàtics aquells.

El Rufus va tenir un calfred.

—Quin fàstic que em va fer allò —va dir—. Aquella nit, dins la pila de rodes, et *vai* veure que em miraves.

—I per què no vas dir res? —va preguntar el Ted.

—Pels nervis, suposo. La Nancy ja desconfia prou de mi. Només hauria faltat que aquell dia hagués sortit d'entre les rodes com si fos el monstre de les profunditats! Encara es creuria menys que soc germà vostre.

Grimwood estava embolcallat d'una claror daurada i càlida. Els dos germans es van posar a arreplegar llenya per encendre la foguera del Rufus.

—Ted, val més que vagis tirant cap al cau amb ta germana abans no es faci fosc —va dir el guillot—. No vull que s'enfadi encara més amb mi.

—Uf —va dir el Ted, però va recollir les seves coses per marxar—. Deus tenir raó. Tot i que ara ja no he de tenir por que se m'aparegui cap gegant peugròs.

El Rufus va deixar estar la llenya i li va prémer la pota amb efecte.

—Saluda la Nancy de part meva —va dir el guillot.

—Ja em pots donar per saludada —va grunyir una veu.

—Nancieta! —va xisclar el Ted, acostant-se corrents a la germana, que trotava cap on eren ells.

El Ted la va estirar fins a la vora de la foguera. I després es va quedar palplantat, mirant-se amb un somriure d'orella a orella el germà i la germana.

—Ted, ves a jugar una estona amb la conilla

aquella amiga teva, va —va dir la Nancy—. T'enyora molt. Fa dies que no para de donar la llauna a tothom amb això.

—Oh, però jo vull estar amb vosaltres, germanets! —va replicar el Ted, amb la cua pansida, de la desil·lusió.

El Rufus li va picar l'ullet.

—Au, ves, marrec. —I li va somriure.— Ens veiem demà, d'acord?

—Enteeeeeesos —va fer l'altre amb un sospir. Es va adonar que la Nancy i el Rufus necessitaven estar una estona tots dos sols.

—Quin paiet més eixerit —va dir el Rufus, mentre observava el Ted que se n'anava fent saltirons cap a la Vila dels Conillets.

—Msí —va dir la Nancy—. N'hi ha pocs com ell.

El guillot es va asseure al tronc d'un arbre caigut i amb un gest va convidar la Nancy a fer el mateix. Va estossegar, nerviós.

—Ja sé que tenim una pila de coses pendents

—va dir, gratant-se una orella—. T'he de donar moltes explicacions. I et prometo que ho faré, però... bé, el Ted m'ha parlat d'aquests somnis que tens.

La Nancy va fer mala cara.

—Msí, ja. Ara tenen molt més sentit, suposo —va murmurar.

El Rufus va treure un flabiol.

—Em sembla que t'agradarà sentir una cosa —va dir.

I al cap d'un parell de bufades per treure la pols de l'instrument, el Rufus va tocar una cançoneta. Va mirar la Nancy per veure si la reconeixia.

Ella tenia tot el pèl de punta.

—És aquesta! —va xiuxiuejar—. És la que... és la cançó que sentia en somnis!

El Rufus va somriure.

—El Ted m'ha dit que no recordaves les notes del final —va dir—. Te la torno a tocar.

Mentre ell tocava, la Nancy va tancar els ulls. Va tenir una sensació d'allò més increïble, com si la música li entrés per les orelles i li escampés una escalforeta deliciosa per tot el cos. Es va posar una pota al pit i es va notar els batecs del cor.

—Ens la cantava la mama —va dir el Rufus, fluixet—. Cada vespre, abans de dormir. Se la va inventar ella. És la primera peça que vaig aprendre a tocar.

La Nancy no deia res. Ajaguda al tronc, a la vora del foc, només va sospirar.

El Rufus va somriure. Era la primera vegada que la veia tranquil·la.

—Hi torno, doncs —va dir.

I va tocar la cançó unes quantes vegades més, fins que es va pondre el sol, i la Nancy va caure en el son més profund que havia tingut mai.

El Titus va fer repicar una forquilla en un pot de confitura ple de flors. El Ted n'havia posat uns quants damunt la taula, per celebrar que era una ocasió especial.

—Oh, no —va dir l'Íngrid—. Però per què s'entossudeix a pronunciar discursos? Que ens ho deixi als professionals, malviatge.

—Deixa'l que es llueixi una mica, estimada —li va contestar el Comte de Prunyonosa.

—Benvolguts amics! —va dir el Titus, eixugant-se el morro amb un mocador—. Oi que és meravellós? Sembla que fos ahir que acollíem el Ted i la Nancy al bosc de Grimwood. I ara, vet aquí que donem la benvinguda a un nou membre de la seva fantàstica família; benvingut, Rufus!

Van esclatar tot d'udols, esgarips i claquejos d'alegria. El Rufus es va enrojolar.

—De fet —va continuar dient el Titus—. Suposo que hauríem de dir-li «bentornat». Perquè el Rufus, en realitat, és de Grimwood, i la nostra estimada Nancy també!

Van esclatar més udols i esgarips alegres. Llavors es va sentir un soroll rarot com si algú s'ennuegués, però només era la Pamela que intentava empassar-se un pot de confitura sencer.

El Rufus es va posar dret i va dir:

—No us agrairé mai prou que hàgiu acollit els meus germans i us hàgiu convertit en la família amorosa que es mereixen.

—Es refereix a mi! —va exclamar la Salze assenyalant-se el cap—. Vet aquí la família amorosa, per serviiiiir-vos!

La Nancy li va tirar un brioix pel cap, però la Salze, amb gran perícia, el va entomar amb la boca i se'l va cruspir ensenyant els polzes amunt a la guineu.

—Vull proposar un brindis —va dir el Rufus, alçant el got de gasosa rosa—. A la salut del Rex i la Jess, els nostres pares estimats. Siguin on siguin, sempre cap a l'aventura.

—A la salut del Rex i la Jess —va dir tothom, fent dringar els gots.

—PUEET, PUEET! Que comenci la festa disco més boja! —va dir la Sharon, i va disparar cinc canons de confeti de cop, que la van catapultar enlaire.

La Pamela va començar a posar cançons des de la cabina de dígei mòbil de la Sharon.

—Ens passem el dia cantant i ballant, en aquest coi de bosc —va remugar l'Íngrid.

—Ai, Íngrid, Íngrid, si en el fons t'encanta —va dir el Frank, i va pinçar una patata al forn amb el bec—. Em concedeixes aquest ball? —I li va estendre l'ala.

—No —va contestar l'ànega.

El Comte de Prunyonosa va mirar com la seva muller, feta una fúria, se n'anava, balancejant-se cap al racó on hi havia la Salze.

—Oi que és meravellosa? —va fer el Comte amb un sospir.

El Frank es va limitar a fer un posat sofert.

La conilleta, tota animada, explicava al Ted

el nou projecte teatral que estava maquinant amb l'Íngrid.

—Ostres, Salze, quina il·lusió! —va dir el Ted, fent saltirons—. Ets el que no hi ha. Em sap greu no haver corregut per aquí aquests últims dies. Espero que sàpigues que soc el teu millor amic per sempre més.

La Salze va riure.

—Que et penses que m'he preocupat GENS? Soc de pedra picada, jo. I al teu germà, ara que s'ha banyat, se'l veu simpaticot.

—I trobaràs a faltar allò de ser caçadora de monstres? —li va preguntar el Ted.

—Qui et diu que ho hagi deixat de ser? —va contestar la Salze empetitint els ulls.

—ARBREXOOOOOOOOOOC!

—va cridar la Gínger Fiasco, que s'abalançava des de les branques d'un arç. A mig salt va topar amb en Martin i li va enviar a pastar fang les vambes de llumetes. N'hi va haver una que li va posar a la Sharon per barret.

—Iuuuuhu! —va grallar la Festaire—. Qui ha apagat el llum? Festa fosca, vinga, vinga!

—Què, t'hi apuntes? —va preguntar el Rufus a la Nancy, donant-li un copet de colze i assenyalant els esquirols arbrexocadors amb un gest del cap.

—Naa —va contestar ella, tustant-se la panxa—. Que m'he afartat com una lladre.

—Feia molt temps que no m'atipava així —va dir el Rufus—. Quan *vai* tornar de l'Antàrtida, com que havíeu desaparegut tots, em *vai* posar a vagarejar. No sabia pas on tirar. *Vai* seguir els canals que surten de la ciutat. I, t'ho ben juro, no penso tornar a menjar peix en ma vida.

La Nancy va riure per sota el nas.

—Ens hem de posar al dia amb una pila de coses, encara. Que et quedaràs una temporadeta?

—Sí. Si no et fa res.

—Naa —va dir la Nancy.

—No tens mai ganes de tornar a la Gran Ciutat? —va preguntar el Rufus.

La Nancy va mirar el Ted i la Salze que es rebol-

caven per terra i els esquirols que passaven disparats pel cel. El Titus i el Wiggy clapaven ajaguts en unes hamaques.

—Naa, gens —va tornar a contestar la Nancy—. Em sembla que som guineus grimwoodianes, no trobes?

El Rufus va assentir i, a poc a poc, li va passar la pota per l'espatlla. Ella no l'hi va pas retirar.

—Sí —va dir el guillot, abraçant-la—. Sí que ho trobo.

Òndia, com M'AGRADEN els finals feliços. A vosaltres, no? M'he trobat ben bé dins un remolí d'emocions espectacular. I com n'hem après, eh? M'ho noto en tot l'exoesquelet. Noto que m'he tornat una cotxinilla més bona, més sàvia i més amable!

DEMANA-TE'LS ARA! SORTIRAN A LA VENDA... MAI, SEGURAMENT.

AVÍS DE COTXINILLA LEGALISTA!

Aquí, l'Il·lustríssim senyor jutge Dinamita. Us recordo que aquests llibres són del TOT FALSOS i que NO EXISTEIXEN i NO ELS PODEU COMPRAR. Enviaré els culpables d'aquesta estafa a la garjola i s'hi estaran una bona temporadeta pensant molt i molt sobre això que han fet. Gràcies.

I
AVIAT MÉS
LLIBRES DE
GRIMWOOD
QUE ENCARA
NO HAN SORTIT
PERÒ SORTIRAN
AVIAT!